AF641937

Paula Polak
Regenwasser nutzen – ein Geschenk für meinen Garten

Gedruckt auf
100% Recyclingpapier

Paula Polak

Regenwasser nutzen – ein Geschenk für meinen Garten

Klug planen und naturnah gestalten bei Trockenheit

pala verlag

Inhalt

Liebe Leserin, lieber Leser,

»Regenwasser nutzen – ein Geschenk für meinen Garten« – soweit der Titel dieses Buches. Ich hoffe, es hat niemand das Buch gekauft, der oder die nur eine Anleitung zum Eingraben einer Zisterne oder zum Aufstellen einer Regentonne möchte. Dies wäre auch etwas wenig Inhalt für 176 Seiten Buch. Liebe Leserin, lieber Leser, Sie erwartet viel mehr als das!

An sich haben wir in Mitteleuropa wunderbares Trinkwasser in ausreichenden Mengen für uns alle. Trotzdem leben wir nicht auf einer Insel der Seligen, abgeschottet vom Rest der Welt, sondern gemeinsam mit allen anderen Lebewesen auf diesem »Raumschiff Erde« mit den Ressourcen, die vorhanden sind. Trinkwasser entsteht aus Regenwasser, das sich, durch Boden und Gestein gefiltert, unterirdisch sammelt. Aufgrund der Klimakrise hat sich zwar die Niederschlagsmenge über das Jahr gesehen in den meisten mitteleuropäischen Regionen nicht verändert, sehr wohl aber die Verteilung. Es kommt zu immer mehr Starkregen, dazwischen zu wochenlangen Trockenphasen. Deshalb wird es immer wichtiger, mit der Ressource Wasser sorgsam umzugehen.

»Was die Erde befällt, befällt auch die Kinder der Erde.« So oder so ähnlich soll es Häuptling Seattle in seiner berühmten, wenn auch nicht wörtlich aufgezeichneten Rede 1854 ausgedrückt haben. Wer auch immer diesen Satz genau so formulierte, hat jedenfalls recht: Alles hängt zusammen – die Erde, die Natur, alle Lebewesen und so auch wir sind Teile eines großen Netzwerks. Jede unserer Handlungen bringt einen Faden des Netzes zum Schwingen und damit das gesamte Netz. Das ist der Grund dafür, dass sich ein Buch über Regenwassernutzung nicht nur mit Wassersammelbehältern beschäftigt, sondern auch mit der Bedeutung des Wassers für den Planeten und dem Einfluss der Klimakrise ebenso wie mit den Bestandteilen unseres Gartenbodens, Pflanzenkombinationen für die verschiedenen Standorte und der Bedeutung von Schieferplatten aus Indien.

Natürlich steht es jeder Leserin, jedem Leser frei, die allgemeinen Kapitel schnell zu überblättern und sich gleich dem praktischen Teil zu widmen. Aber wer weiß, was Ihnen entgeht! Haben Sie Geduld, es ist spannend und sinnvoll, und die praktischen Anleitungen kommen auch nicht zu kurz.

Wasser

Für uns sprudelt es ganz selbstverständlich aus dem Wasserhahn, glasklar, kalt, frisch und natürlich trinkbar, verfügbar in rauen Mengen, so viel wir wollen für jeden von uns gewünschten Zweck: unser Trinkwasser.

Dabei denken wir selten daran, dass Wasser eines der kostbarsten, weil absolut lebensnotwendigen Güter ist, die uns diese Erde schenkt. Ohne Nahrung kann der Mensch einige Wochen überleben, ohne Trinkwasser nur drei bis vier Tage. In der Wüste reicht schon ein wasserloser Tag zum Tode. Dabei sollten wir bedenken, dass nur 3 Prozent des Wassers weltweit Süßwasser und damit trinkbar ist.

Wir Mitteleuropäer sind verwöhnt: Locker leisten wir uns die von der Weltgesundheitsorganisation als Bedarf für einen etwa 60 Kilogramm schweren Erwachsenen vorgesehene Menge von 2 Liter Wasser pro Tag, beste Trinkwasserqualität natürlich. Das verdanken wir in erster Linie der Gnade der Geografie: Darauf gehe ich auf Seite 18 noch genauer ein.

Diesen Luxus genießen nicht alle: Laut einer Untersuchung von UNICEF aus dem Jahr 2021 leben weltweit mehr als 1,42 Milliarden Menschen in Gebieten mit insgesamt hoher oder extrem hoher Wasserunsicherheit, darunter etwa 450 Millionen Kinder!

Wir aber können das reine, klare Trinkwasser großzügig auch zur Bewässerung von Zierpflanzen, Gemüsebeeten und Rasenflächen im Garten verwenden. Sehr großzügig, als wären die Trinkwasserreserven unendlich groß. Doch eigentlich ist Trinkwasser für viele Zwecke, darunter auch die Gartenbewässerung, viel zu schade. Das Wasser, das uns der Himmel schenkt, eignet sich für diesen Zweck wunderbar – in Gebieten mit sehr kalkhaltigem Trinkwasser sogar besser als dieses. Mengenmäßig ist die Verwendung von Trinkwasser für den Garten nicht zu unterschätzen, statistisch gesehen beträgt sie etwa 5 Prozent des Trinkwasserverbrauchs. Das ist natürlich ein Durchschnittswert.

»Panta rhei – alles ist im Fluss«, sagte schon der griechische Philosoph Heraklit in seiner »Lehre von der Einheit aller Dinge« und meinte damit nicht nur fließendes Wasser, sondern alle Dinge des Lebens. Nichts wird jemals wieder sein, wie es einmal war, alles verändert sich ständig. »Man kann nicht zweimal in denselben (Lebens-) Fluss steigen«, sagte er auch, denn der Fluss ist niemals wieder exakt derselbe, er besteht aus anderen Wassermolekülen, trägt anderes Laub, andere Äste, Sande und Fische mit sich. Flusskiesel werden weitergetragen, angelandet und formen neue Wasserströmungen – der Fluss, das Leben, hat sich verändert.

Bild links: Auch in einem kleinen Garten bietet ein kleiner Schwimmteich herrliche Abkühlung

Der Fluss des Lebens für Mutter und Tochter kann auch ganz konkret der Wienfluss sein

Auch Wasser, wenn es in dicken Tropfen auf unsere Dächer trommelt oder aus einer Alpenquelle sprudelt, hat schon jede Menge Leben, jede Menge Veränderung hinter sich. Jeder Wassertropfen fällt nicht einfach vom Himmel, er hat schon eine weite Reise hinter sich, auf der wir ihn ab Seite 14 begleiten werden.

Die Ozeane

Die unendliche Weite der Meere fasziniert uns alle und inspiriert Menschen seit je her aus dem Blickwinkel der Kunst wie jenem der Wissenschaft. Ganz prosaisch gesehen, sind die Ozeane mit 97 Prozent allen Wassers einfach die größten **Wasserspeicher** der Erde. Sie bedecken 71 Prozent der gesamten Erdoberfläche und begründen damit den Ausdruck »unsere Erde, der blaue Planet« – sieht die Erde aus dem Weltall gesehen doch überwiegend blau aus.

Meerwasser enthält Salz, im Durchschnitt 3,5 Prozent, und stellt somit die größte **Salzreserve** weltweit dar, ist aber aufgrund dieses Salzgehaltes ohne vorherige Filterung nicht trinkbar.

Neben ihren Funktionen als Wasserspeicher und Salzspeicher erfüllen die Ozeane viele andere wertvolle Aufgaben, die uns oft gar nicht so bewusst sind: Sie sind Lebensräume für unzählige Organismen, darunter Algen, die wesentlichen Produzenten des Sauerstoffs in unserer Atemluft.

Algen sind definiert als Organismen, die fortwährend **sauerstofferzeugende** Fotosynthese betreiben, aber keine Embryonen bilden. Tatsächlich produzieren Algen nahezu 50 Prozent des fotosynthetisch gebildeten Sauerstoffs und binden im gleichen Umfang Kohlendioxid, das sie in eigene Körpermasse umwandeln. Algen sind also, sogar in größerem Umfang als die Regenwälder, die »grüne Lunge unseres Planeten«. Algen waren es auch, die durch ihre Stoffwechselaktivität vor mehr als zwei Milliarden Jahren die Sauerstoffatmosphäre der Erde produziert haben. Als Primärproduzenten stehen sie in den Ozeanen an zentraler Stelle der Nahrungsnetze. Sie bauen aus anorganischen Substanzen wie Kohlenstoff und Wasserstoff mithilfe der Sonnenenergie Biomasse auf. Die Algen werden dann von Konsumenten gefressen, von so kleinen wie Zooplankton bis zu so großen wie dem Blauwal. Auch diese werden gefressen, und so tragen die kleinen Primärproduzenten mit ihren rund 4 Milliarden Tonnen Körpermasse pro Jahr zur Produktion von rund 55 Milliarden Tonnen Körpermasse bei. Das entspricht einem Mengenzuwachs um mehr als das Zehnfache. Gut, dass Algen so schnell wachsen, werden sie doch so schnell und gern gefressen.

Die Ozeane sind neben den Wäldern die weltweit größten **Kohlendioxidsenken,** das heißt, sie bremsen die Erderwärmung – einerseits, indem Algen aus Kohlendioxid Körpermasse aufbauen, andererseits, indem sich das gasförmige Kohlendioxid im Wasser löst und Kohlensäure bildet. Leider versauern dadurch die Ozeane, wodurch zu wenig Kalziumkarbonat zur Bildung von Muschelschalen, Korallen und ähnlichen Gebilden von Meeresbewohnern vorhanden ist. Auch bestehende Riffe sind in Gefahr, durch die Kohlensäure buchstäblich aufgelöst zu werden. Aber das ist eine andere traurige Geschichte. Im Moment nehmen die Ozeane etwa ein Drittel der durch menschliche Aktivitäten freigesetzten Menge Kohlendioxid aus Luft und Einschwemmungen durch die in die Meere mündenden Flüsse auf. Wie viel Kohlendioxid sie auf Dauer einlagern können, hängt davon ab, wie viel bereits gelöst ist, ähnlich der Menge Zucker, die wir noch im Tee auflösen können, wenn er bereits voll Zucker ist, und von der Geschwindigkeit der Durchmischung, vergleichbar dem Umrühren des Tees. Auch die schmelzenden Gletscher spielen eine Rolle ebenso wie der Temperaturanstieg an sich. Es ist kompliziert, aber die Speicherfähigkeit steht außer Zweifel. Es wird aber erwartet, dass der Anteil der ozeanischen CO_2-Speicherung abnimmt, da durch Erwärmung, Versauerung, geringeren Sauerstoffgehalt und weitere vom Menschen verursachte Störungen die Fähigkeiten des Ozeans zur Aufnahme von CO_2 beeinträchtigt werden.

Gleichzeitig düngt das zusätzliche CO_2 die Ozeane, und manche Algenarten können diesen Dünger um vieles besser nutzen als andere. So verdrängen sie diese und damit auch die Tiere, die von diesen leben.

Das ganze diffizile Netz ist in Gefahr.

Diese beiden Eigenschaften, Sauerstoffproduktion und Kohlendioxidbindung, funktionieren natürlich nur bei lebenden Algen. Was Katastrophen wie eine Ölpest anrichten, wollen wir wahrscheinlich gar nicht so genau wissen.

Die Ozeane sind darüber hinaus **Nahrungsquellen** für uns Menschen. Weil unter anderem viele Menschen Fisch so gerne mögen, sind aktuell weltweit 25 Prozent der Meeresfischbestände in bedenklichem Zustand. Die Meere sind überfischt, sodass weniger Fische nachwachsen, als abgefischt werden, und die betroffenen Arten sterben über kurz oder lang aus. In den EU-Gewässern sind 88 Prozent der Fischbestände überfischt, während es in den 1970er-Jahren lediglich 10 Prozent waren. Laut Greenpeace Schweiz hat sich die totale Fangmenge seit 1950 verfünffacht, illegale Fangaktivitäten nicht mitgerechnet. Zu den stark gefährdeten Arten zählen auch beliebte Fische wie Kabeljau, Heilbutt oder Thunfisch, bei dem aktuell manche Arten auf unter 20 Prozent der Bestände von 1970 geschrumpft sind.

Die Ozeane haben weiterhin die Funktion eines **Wärmepuffers.** Wasser gibt gespeicherte Wärme langsamer wieder ab als Land, deshalb ist ozeanisches Klima ausgeglichener als kontinentales Klima. In den gemäßigten Breiten sind die Tage in den Küstenländern dadurch generell milder, die Nächte weniger extrem kalt als in den Zentren der Kontinente.

Die Ozeane sind weltweite **Temperaturregulatoren.** So bringt beispielsweise der Golfstrom warmes Meerwasser nach Norden, nach Europa und Nordamerika, und verschafft uns dadurch den Luxus eines gemäßigten Klimas. Wie sich die Erderhitzung und die dadurch verursachte Schmelze des polaren Eises auf den Golfstrom auswirken werden, darüber ist sich die Fachwelt nicht einig, aber er wird sich verändern.

Eine wichtige Rolle erfüllen die Ozeane schließlich auch als Reservoire für den weltweiten Wasserkreislauf. Dieser betrifft uns ganz direkt und wird deshalb im Folgenden erläutert.

Kreislauf des Wassers

Unsere Sonne, die Quelle allen Lebens auf dieser Erde, erwärmt das im Boden und in den Pflanzen gespeicherte Wasser, das Wasser der Seen und Flüsse und – mengenmäßig natürlich am bedeutendsten – das Wasser der Ozeane. Ein Teil des Wassers verdunstet und befindet sich dann in Form von Wasserdampf in der Luft: Wir nehmen es als Luftfeuchtigkeit wahr. Wasserdampf ist leichter als Luft und steigt deshalb nach oben in die Atmosphäre. Weil es dort kälter ist als auf der Erde, kühlt der Wasserdampf ab und kondensiert, das heißt, Wasser geht von seinem gas-

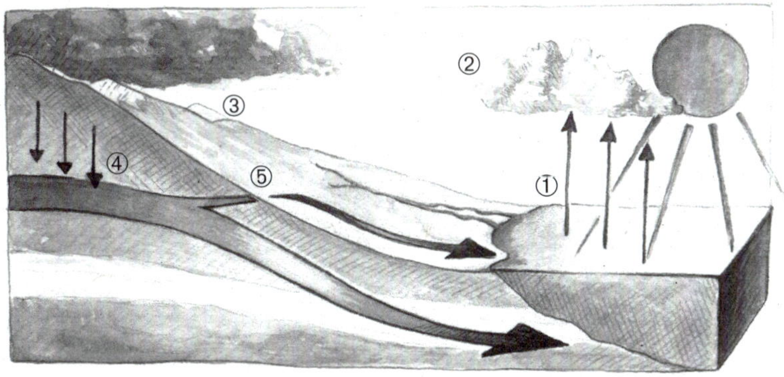

Wasser befindet sich in einem ständigen Kreislauf:
Es verdunstet und steigt auf (1), kondensiert in den kälteren Schichten zu Wolken (2), regnet über dem Festland ab (3), sickert durch den Boden und bildet Grundwasser (4). In Quellen tritt es wieder aus und fließt ins Meer (5).

förmigen Aggregatszustand in den flüssigen über: Feine Wassertröpfchen bilden Wolken. Die meisten Wolken bilden sich über den Ozeanen, logisch, denn dort gibt es das meiste zu verdunstende Wasser. Der Wind transportiert die Wolken dann zum Festland. Wenn diese feuchte Luft auf kalte Luftschichten trifft, schiebt sie sich darüber und steigt auf. Im Wetterbericht hören wir dann von einer Warmfront. Die feuchte Luft steigt auch dann nach oben, wenn sie auf Bergflanken trifft, beispielsweise auf die Alpen in Mitteleuropa. Während des Aufstiegs kühlt sie sich ab und kann nun weniger Feuchtigkeit halten als warme Luft, das überschüssige Wasser wird abgegeben: Regen, Schnee oder Hagel sind die bekannten Folgen.

Fällt dieser Niederschlag auf ein Gewässer: zurück zum Start. Fällt er auf die Erde, haben wir als Zwischenstufe die Versickerung ins Grundwasser. Ein Teil bleibt gespeichert in unseren wertvollen Trinkwasserreserven, dem Grundwasserkörper, ein Teil kommt über Quellen wieder an die Oberfläche. Diese Quellen speisen Bäche, speisen Flüsse, speisen den Ozean ... und der Kreislauf beginnt von Neuem.

Regenwasser, Trinkwasser

Im Folgenden wird manchmal von Trinkwasser, manchmal von Regenwasser die Rede sein. Diese beiden Begriffe sind nicht deckungsgleich. Trinkwasser definiert sich durch seine Eignung zum menschlichen Genuss, kann aus einer Quelle sprudeln, aus dem Grundwasserkörper hochgepumpt oder aus Flusswasser aufbereitet werden. Regenwasser dagegen kommt einfach vom Himmel.

In der Meteorologie bezeichnet der Begriff »Niederschlag« Wasser mitsamt allen Verunreinigungen, das aufgrund der Schwerkraft in flüssiger Form als Regen oder in fester Form als Hagel, Schnee oder Graupel aus Wolken fällt oder sich als Tau oder Reif direkt an Objekten absetzt.

Die wunderschönen, formenreichen Schneekristalle bilden sich in den Wolken erst bei Temperaturen unter minus 12 Grad Celsius und auch nur, wenn das Wasser dabei an irgendeiner Art von Verschmutzung kondensieren kann. Über 5000 verschiedene Formen von Schneekristallen wurden bereits fotografiert, eine Welt, in der man sich verlieren könnte.

Physikalisch betrachtet, ist Schnee deutlich leichter als Wasser. Letzteres hat eine Dichte von 1000 kg / m³, flockiger Neuschnee lediglich eine von 30 bis 50 kg / m³. Selbst Eis ist mit 800 bis 900 kg / m³ relativ leicht.

Niederschlag ist nicht immer sauber: Jeder Wassertropfen nimmt auf seiner weiten Reise seit seinem Aufstieg aus dem Ozean zahlreiche Passagiere mit. Diese können natürlichen Ursprungs sein oder anthropogen, das heißt vom Menschen verursacht:

- Aus der Meeresgischt stammen Natrium-, Kalium-, Magnesium- und Chloridionen. Ähnliche Bestandteile kommen aus dem Staub der Erde. So finden wir in Mitteleuropa zum Beispiel Phosphate aus der algerischen Wüste, die unter anderem mit Saharastäuben zu uns gelangen. Das ist für Teichbesitzer durchaus bedeutsam, wirken Phosphate doch als Dünger im Wasser, von dem vor allem Algen profitieren.
- Die grünen Blütenpflanzen steuern Blütenpollen im Mikrometerbereich bei (die meisten Blütenpollen sind zwischen 10 und 100 Mikrometer groß, 1 Mikrometer ist ein tausendstel Millimeter).
- Wir Menschen legen mit Rauch, Ruß, Staub, Schwefelsäure und Salpetersäure aus der Verbrennung fossiler Produkte wie Benzin oder Kohle und mit Ähnlichem ein Schäufelchen nach.

Logisch also, dass unser Niederschlagswasser, so wie es vom Himmel kommt, nicht immer den Qualitätskriterien entspricht, die für Trinkwasser nötig und zum Beispiel in der DIN 2000 »Zentrale Trinkwasserversorgung. Leitsätze für Anforderungen an Trinkwasser. Planung, Bau und Betrieb der Anlagen« festgelegt sind oder von den Trinkwasserverordnungen vorgeschrieben werden.

Aber wir haben ja Boden und Gestein als natürliche Filter. Niederschlagswasser versickert und die mittransportierten Feinteile, man kann sie auch Verschmutzungen nennen, bleiben durch physikalische, chemische und mikrobiologische Prozesse im Boden und Gestein »hängen«. Je nach Art des Gesteins und der Wasserdurchlässigkeit entstehen so Grundwasserspeicher, die bis zu einer Million Jahre alt sein können. Grundwasser kann sich unterirdisch in Poren, Klüften oder großen Hohlräumen sammeln und an wasserundurchlässigen Schichten stauen.

Für das kostbare Nass ist kein Behälter zu klein

Niederschlag messen

Niederschlagsmengen werden in der Regel in Millimetern (mm) angegeben. 1 mm Niederschlag bedeutet 1 l Wasser auf 1 m^2. Wir können die Regenmenge ganz einfach selbst messen, indem wir einen Kübel beliebiger Größe so aufstellen, dass nur der direkte Regen, aber kein Wasser vom Dach in den Kübel trifft. Mit einem Zollstock können wir den Wasserstand im Kübel in Millimetern messen und so den Niederschlag in Litern pro Quadratmeter bestimmen. So bedeutet ein Wasserstand von 20 mm im Kübel 20 l Niederschlag auf 1 m^2.

Um diese einzeln gemessenen Mengen in einen langfristigen Zusammenhang zu stellen, bedenken wir, dass die durchschnittliche jährliche Niederschlagsmenge zum Beispiel 800 mm betragen kann. Die durchschnittlichen jährlichen Niederschlagsmengen der eigenen Region können wir beim Wetterdienst erfragen.

Oft werden Niederschläge auch in Liter pro Sekunde pro Hektar (l / s / ha) angegeben. Wenn wir das, was örtlich als Starkniederschlag gilt, beim Wetterdienst erfragen, erhalten wir meist eine Angabe auf dieser Bemessungsgrundlage. Wie wir das eine in das andere umrechnen, findet sich auf Seite 36.

Wie beeinflussen wir den Wasserkreislauf?

Wir Menschen beeinflussen Regenwasser und Trinkwasser massiv, und das vor allem in drei Bereichen: 1. Wir verbrauchen es. 2. Wir versiegeln die Böden und ändern so die Dynamik der Trinkwasserneubildung. 3. Unsere Tätigkeit verändert das Klima und damit den Wasserkreislauf dramatisch.

Unser Wasserverbrauch

Gut, dass es die »Produktion« von immer neuem Trinkwasser durch den Kreislauf des Wassers gibt, denn wir benötigen nicht nur die empfohlenen 2 Liter Wasser täglich zum Trinken. Nebenbei: Hätten alle derzeit mehr als 8 Milliarden Erdenbürger diese 2 Liter, wären das rund 16 Milliarden Liter, das heißt 16 Millionen Kubikmeter, also 16 Kubikkilometer, das entspricht etwa einem Drittel des Bodensees – täglich!

Nein, wir benötigen – oder meinen zu benötigen – Trinkwasser auch für andere Dinge des alltäglichen Lebens, zum Duschen, Gartengießen, Autowaschen ... Die durchschnittlich pro Mensch und Tag verbrauchte Menge variiert weltweit stark: Deutschland: 122 Liter; Österreich: 130 Liter; Schweiz: 237 Liter; Japan: 278 Liter; USA: mehr als 300 Liter; Dubai: 500 Liter; und Indien? 25 Liter. In Österreich, wo ich lebe, werden davon 5 Prozent für Pools und 9 Prozent für Pflanzen verwendet. Im Jahr sind das im Durchschnitt rund 4,3 Kubikmeter Gießwasser pro Person. Klingt nicht viel, aber auf die Gesamtbevölkerung von etwa 9 Millionen Menschen umgelegt sind das in Summe rund 39 Millionen Kubikmeter Trinkwasser. Wenn wir davon auch nur die Hälfte durch Regenwasser ersetzen würden ...

Wasser in Trinkwasserqualität ist nur für etwas mehr als die Hälfte dieses Verbrauchs wirklich erforderlich, das sind Essen, Trinken, Körperpflege und Geschirrspülen. Bedenklich ist auch, dass zum Beispiel in Deutschland rund 27 Prozent des verwendeten Trinkwassers für die Toilettenspülung buchstäblich den Bach runtergehen. Aber ist dies für uns in Mitteleuropa überhaupt ein Problem?

Wir haben doch mehr als genug Trinkwasser dank der »Gnade der Geografie«: Deutschland, Österreich und die Schweiz sind aufgrund ihrer geografischen Lage und Niederschlagssituation so wasserreich, dass der Wasserbedarf meist lokal oder regional gedeckt werden kann. Natürlich sprechen wir hierbei über unterschiedliche Lagen zwischen dem Atlantik und dem Beginn der ungarischen Tiefebene mit Berghängen und Beckenlagen. Aber im Grunde gilt:

Unser glasklares Trinkwasser ist es wert, bewusst und aus schönen Gläsern getrunken zu werden

- Wir haben meist hohe, aber nicht zu hohe **Niederschlagsmengen,** beispielsweise in Bayern durchschnittlich 940 Millimeter pro Jahr. Extreme sind zum Beispiel 2000 Millimeter in Nordwestdeutschland und andererseits 450 Millimeter in Retz in Niederösterreich.
- Bisher haben sich die **Niederschläge** gut übers Jahr **verteilt.** Aufgrund der Erderwärmung kommt es aber immer öfter zu Phasen von wochenlanger Trockenheit, abgelöst von Phasen mit Starkregenereignissen.
- Wir leben in einer **gemäßigten Klimazone** ohne Temperaturextreme, dafür mit vorwiegend Westwind, der feuchte Atlantikluft mitbringt. Wegen der gemäßigten Temperaturen verdunstet Wasser langsam.
- Wir haben in Jahrtausenden **gewachsene Böden** mit hoher Mächtigkeit, das heißt mit hoher Speicherfähigkeit und Filterfähigkeit.
- Auch **schmelzender Schnee** trägt viel zur Bodenfeuchte und Grundwasserbildung bei, da er langsam in den Boden hinein versickert und nicht oberflächig in den nächsten Fluss abrinnt – wenn es denn im Winter kalt genug für Schneefall ist.

All das sichert uns an sich genug Wasser zum Trinken und unseren Nahrungspflanzen zum Wachsen. Als Zugabe genießen wir angenehme Temperaturen und eine Luftfeuchtigkeit, die das Atmen erleichtert. Wir Mitteleuropäer sind also privilegiert. Aber wissen wir das auch zu schätzen? Und wird das auch so bleiben?

Fangen wir mit dem Positiven an: Das Bewusstsein, dass Wasser eine wertvolle Ressource ist, auch bei uns in Mitteleuropa, ist in den letzten Jahren stetig gewachsen. Trotzdem wird in den Industrieländern immer mehr Trinkwasser verbraucht, und auch bei uns benötigt die Neubildung von Trinkwasser im Wasserkreislauf über

Regen und reinigende Versickerung in den Grundwasserkörper etwas ebenfalls sehr Wertvolles: nämlich Zeit. Die Durchflusszeit des Regenwassers kann im Karst, wie etwa in den Quellgebieten der Wiener Hochquellenwasserleitung, zwar auch nur einen halben bis einen Tag dauern, bei mächtigen Bodenschichten und weniger zerklüfteten Gesteinen aber auch Jahre. Schnell sickerndes Wasser wird kaum gefiltert. Damit keine zusätzlichen Verunreinigungen, zum Beispiel aus Siedlungen, ins Wasser gelangen, wurde im Falle der Wiener Hochquellenwasserleitung das gesamte Einzugsgebiet zum Quellschutzgebiet erklärt. Auch in anderen Gegenden mit ähnlichen Bodenverhältnissen gibt es solche Quellschutzgebiete.

Entnehmen wir mehr Grundwasser aus den Grundwasserspeichern, als aus den Niederschlägen durch Boden und Gestein nachsickern kann, schicken wir quasi den Anteil unserer Nachkommen in die Toilette.

Dank dieser Erkenntnis gibt es schon jede Menge Ansätze zum sparsamen Umgang mit dem kostbaren Nass: wassersparende Haushaltsgeräte, mengenverstellbare Toilettenspülkästen, Duschen statt Baden sind nur einige Beispiele. Verschweigen können wir die negativen Entwicklungen, um die es im Folgenden gehen wird, und deren Einfluss auf den Kreislauf des Wassers allerdings nicht.

Die Versiegelung der Böden

Die Versiegelung der Böden mit Asphalt, Beton, Straßen, Plätzen, Flughäfen, Einkaufszentren, Wohnhäusern und Ähnlichem nimmt, nicht nur in Europa, immer mehr zu. Die Erhebung der tatsächlich verbauten Fläche ist schwierig. Schätzungen des Bundesamtes für Bauwesen und Raumordnung und des Umweltbundesamtes ergeben, dass etwa 45 Prozent der Siedlungs- und Verkehrsflächen Deutschlands versiegelt sind. Unter »Siedlungs- und Verkehrsflächen« versteht man Gebäude, Industrieflächen, Lagerflächen, Sportplätze, Straßen, Wege, Plätze, Bahngelände, Flughäfen, Friedhöfe ... Diese Flächen umfassen insgesamt derzeit etwa 14,5 Prozent der Bodenfläche Deutschlands. Das bedeutet geschätzte 6,53 Prozent tatsächlich versiegelte Bodenfläche: Klingt gar nicht so viel, umfasst aber doch etwa eine halbe Million Hektar. Zur besseren Vorstellung: Das ist mehr als die doppelte Fläche des Saarlandes oder etwa 15 Prozent der Fläche Österreichs.

In Folge der zunehmenden Versiegelung trifft Regenwasser immer weniger auf gewachsenen Boden, um dann – gefiltert durch Bodenkörper und Gestein – zu kostbaren Trinkwasserreserven zu werden. Immer mehr Wasser fließt stattdessen von versiegelten Flächen und Dächern direkt über Kanäle, Bäche und Flüsse in die Meere. Abgesehen von der so verminderten Grundwasserbildung entstehen auf dem Weg ins Meer weitere Probleme und dadurch – wie es meistens ist – auch Kosten:

Parkplätze und Wege müssen nicht versiegelt werden, sie können auch durch eine wassergebundene Decke oder Pflasterungen betret- und befahrbar gemacht werden. So kann Niederschlag problemlos versickern. Zwischenräume bieten Platz für wertvolle Biodiversitätsflächen.

Den Weg in den nächsten Vorfluter (technischer Ausdruck für »Fluss«) nennt man Kanalisation. Dabei gibt es zwei Möglichkeiten, Schmutzwasser und Regenwasser zu entsorgen: entweder beides in einer gemeinsamen Leitung (Mischsystem) oder in zwei getrennten Leitungen (Trennsystem). Beides hat Vorteile und Nachteile: Das Mischsystem ist in der Errichtung günstiger, weil eine Leitung nun mal billiger kommt als zwei. Dafür muss die Kläranlage aber deutlich größer bemessen werden, weil auch die Regenwassermengen mit hindurchfließen. Beim Trennsystem ist es genau umgekehrt.

Allerdings produzieren wir heute mehr Abwässer als noch vor zwanzig Jahren, und es gibt mehr Starkregen (siehe ab Seite 22): Beides zusammen überlastet immer wieder die Mischsysteme, es kommt zu Rückstau und Straßenüberschwemmungen. Wir können uns vorstellen, dass dies bei den Inhalten eines Mischsystems nicht besonders appetitlich ist. So werden teure Entlastungsbauwerke nötig.

Deshalb setzt man in neuerer Zeit eher auf das Trennsystem, so zum Beispiel in Wien. Da zwischen der Schmutzwasserleitung und dem Regenwasser-Straßenkanal keine Verbindung besteht, ist die Gefahr der Kellerüberflutung, wie sie bei Mischsystemen vorkommen kann, bei starkem Regen geringer. Leider sind auch Überflutungen mit reinem Regen- oder Flusswasser kein Vergnügen, also versucht man, die großen Wassermengen zum Beispiel in Folge eines Starkregens in Rückhaltebecken aufzufangen.

Zu den beiden bisher beschriebenen Problemen, »erhöhter Wasserverbrauch« und »Versiegelung der Böden«, kommen nun noch Klimakrise und Starkregen.

Österreich ist seenreich. Hier der Grundelsee in der Steiermark. Saubere Seen bieten nicht nur eine Trinkwasserreserve, sondern schaffen durch die Wasserverdunstung auch ein angenehmes, kühles Kleinklima.

Klimakrise und Starkregen

Statistisch gesehen treten immer häufiger Starkregen auf. Ursache ist mit hoher Wahrscheinlichkeit der Klimawandel.

Zum Thema Klimakrise gibt es viele Publikationen und Diskussionen, doch hat sich mittlerweile der Konsens gefunden, dass der Klimawandel stattfindet. Mehr als 99 Prozent aller wissenschaftlichen Studien zum Thema erkennen menschliche Aktivitäten als Auslöser der Klimakrise an. Dies wird inzwischen international zur Kenntnis genommen, spätestens endlich seit dem sechsten Sachstandsbericht des Weltklimarates (IPCC, Intergovernmental Panel on Climate Change).

Der Weltklimarat gibt im Abstand von fünf bis sechs Jahren Sachstandsberichte heraus, die als wissenschaftliche Konsensposition hinsichtlich des Einflusses des Menschen auf das Weltklima gelten. Der Synthesereport des sechsten Sachstandberichtes wurde im März 2023 veröffentlicht. Am Abschlussbericht wirkten 93 Wissenschaftler und Wissenschaftlerinnen mit, zwei davon aus Deutschland. Er bündelt die Erkenntnisse der letzten Jahre zur Klimakrise und ist eine Zusammenfassung der sechs Berichte, die seit 2018 erschienen sind. Bei der Vorstellung des Berichts warnte UN-Generalsekretär António Guterres: »Die Klima-Zeitbombe tickt. Aber

Das Intergovernmental Panel on Climate Change

Das Intergovernmental Panel on Climate Change (IPCC) wurde von den Vereinten Nationen ins Leben gerufen mit dem Ziel, die vorliegenden Informationen zum Thema Klimawandel zu bewerten. Über 600 Sachverständige erarbeiten in einem wissenschaftlichen Begutachtungsprozess einen fortlaufenden Bericht zum Stand der gegenwärtigen Forschung. Das IPCC bekam zusammen mit dem Politiker Al Gore bereits 2007 den Friedensnobelpreis, eine internationale Anerkennung der Wichtigkeit des Themas. Trotzdem wurden in den inzwischen vergangenen fast zwei Jahrzehnten viel zu wenige Maßnahmen umgesetzt.

der heutige IPCC-Bericht ist ein Leitfaden zur Entschärfung der Klima-Zeitbombe. Er ist ein Überlebensleitfaden für die Menschheit.«

Der Synthesereport besagt, dass das Ziel, die Erderhitzung auf 1,5 Grad Celsius zu beschränken, kaum noch zu erreichen ist. Die durchschnittliche globale Oberflächentemperatur liegt für den Zeitraum von 2011 bis 2020 im Durchschnitt bereits 1,1 Grad Celsius über dem Durchschnitt des Zeitraumes zwischen 1850 und 1900.

Das ist der Durchschnitt weltweit. Regional sind die Werte anders: In Österreich stieg die Jahresdurchschnittstemperatur im 20. Jahrhundert um 1,8 Grad Celsius an, wovon alle Höhenlagen Österreichs betroffen waren. Damit war der Temperaturanstieg in Österreich im letzten Jahrhundert zwei- bis dreimal stärker als jener der gesamten Nordhalbkugel der Erde. Geschuldet ist dies vor allem der kontinentalen Lage mit der großen Masse der Alpen.

»Findet hier nicht ein sofortiges weltweites Umdenken und entschlossenes Handeln statt, wird die Erde sich bereits in den 2030er-Jahren um 1,5 Grad erwärmt haben. (...) Dies führt schon jetzt zu immer häufigeren und intensiveren Extremwetterereignissen, die immer gefährlichere Auswirkungen auf die Natur und den Menschen in allen Regionen der Welt haben.« (Zitat Synthesereport)

Niederschlagsdaten und andere Klimadaten liefern der Deutsche Wetterdienst (in Deutschland), GeoSphere Austria (in Österreich) und das Bundesamt für Meteorologie und Klimatologie (in der Schweiz), siehe auch Seite 172.

Aufgrund der Erderhitzung werden extreme Wetterereignisse häufiger und heftiger auftreten, darunter eben auch Starkregen. Um Städte und Dörfer wirksam vor den Folgen von Starkregen zu schützen, sind gemeinsame Anstrengungen von Kommunen und Bürgerinnen und Bürgern nötig, siehe zum Beispiel das Vorhaben »Regen//Sicher« im Auftrag des Umweltbundesamtes. Tipps zur praktischen Umsetzung verschiedener Maßnahmen finden Sie in diesem Buch.

Was ist Starkregen?

»Starkregen« meint eine große, in kurzer Zeit niederprasselnde Regenmenge.

Der Deutsche Wetterdienst (DWD) beschreibt ihn so: »Starkregen ist definiert als Niederschlag hoher Dichte pro Zeiteinheit ... Starkregen kann zu schnell ansteigendem und abfließendem Hochwasser oder Überschwemmungen führen, häufig einhergehend mit Bodenerosion.«

Nach einer Richtlinie des DWD ist Starkregen in Deutschland wie folgt definiert:

- mehr als 5 Millimeter Niederschlag innerhalb von 5 Minuten oder
- mehr als 7,1 Millimeter Niederschlag innerhalb von 10 Minuten oder
- mehr als 10 Millimeter Niederschlag innerhalb von 20 Minuten oder
- mehr als 17,1 Millimeter Niederschlag innerhalb von 60 Minuten.

Drei Warnstufen vor Starkregen verwendet der DWD:

- Markante Wetterwarnung: Regenmengen von 15 – 25 l / m² in einer Stunde oder von 20 – 35 l / m² in sechs Stunden
- Unwetterwarnung: Regenmengen von mehr als 25 – 40 l / m² in einer Stunde oder von mehr als 35 – 60 l / m² in sechs Stunden
- Warnung vor extremem Unwetter: Regenmengen von mehr als 40 l / m² in einer Stunde oder von mehr als 60 l / m² in sechs Stunden

Oft werden Niederschläge auch in Liter pro Sekunde pro Hektar (l / s / ha) angegeben. Ab welcher Menge ein so gemessener Niederschlag als Starkniederschlag zählt, ist in Mitteleuropa unterschiedlich, die Menge bewegt sich aber meist zwischen 150 und 200 l / s / ha.

Das Deutsche Umweltbundesamt hat auf Basis der Daten des Deutschen Wetterdienstes bezüglich der jährlichen Niederschlagsmengen in Deutschland Trends festgestellt: Seit 1881 zeigt sich eine Zunahme der mittleren jährlichen Niederschlagsmenge von etwa 7 Prozent. Diese Zunahme ist nicht gleichmäßig über das Jahr verteilt: Im Winter kam es zu einem Plus von bis zu 25 Prozent, im Frühling und Herbst zu moderaten Zuwächsen, im Sommer dagegen sind die Niederschläge zurückgegangen. Allerdings sind diese Veränderungen auch nicht gleichmäßig über die rund 140 Jahre seit Beginn der Messungen zu beobachten. Tendenziell kommt es in Mitteleuropa zu längeren Trockenphasen, dann wieder zu Starkregen.

Auch regional unterscheidet sich die Entwicklung der Niederschlagsmengen sehr stark: Im Vergleich zum Normalwert des Zeitraumes 1971 bis 2000 sind die Niederschläge vor allem in Ost- und Mitteldeutschland stark zurückgegangen, während die Rückgänge im Süden Deutschland moderater ausfielen.

(Schwimm-)Teiche werden optimal mit Regenwasser nachgefüllt, da es keinen Kalk enthält

Auch kommt es oft kleinräumig zu massiven Ereignissen: Im einen Tal regnet es langandauernd und stark, im Nachbartal fällt kein Tropfen.

Es ist logisch, dass die globale Erwärmung mehr Regen produzieren wird, weil warme Luft mehr Feuchtigkeit aufnehmen und wieder abregnen kann als kalte. Wie genau sich die Niederschlagsmuster verändern, können die Wissenschaftler nicht vorhersagen. Stellen wir aber eine Milchmädchenrechnung auf, basierend auf einer vom Massachusetts Institute of Technology (MIT) prognostizierten Erwärmung von etwa 5 Grad Celsius bis zum Jahr 2100, ergäbe das einen Anstieg der Niederschläge um 30 Prozent. Aber wir wissen ja, wie es dem Milchmädchen ergangen ist ... denn tatsächlich beurteilen können wir nur Ereignisse, die bereits passiert sind. Dazu gehören weltweit Anstiege der mittleren Temperaturen, Wetterextreme, Wirbelstürme, Überflutungen, Starkregen und eine Häufung dieser Ereignisse. Zwar lässt sich ein einzelnes Ereignis wissenschaftlich akzeptabel kaum direkt auf die Klimakrise zurückführen, es steigt aber definitiv die Wahrscheinlichkeit für das Auftreten von Extremen. Und es reicht oft, Nachrichten zu konsumieren, das eigene Umfeld zu beobachten und sich an vergangene Jahre oder Jahrzehnte zu erinnern, um sich die Veränderungen bewusst zu machen. Viele von uns in Mitteleuropa sind auch persönlich von Überschwemmungen, Trockenheit oder schneelosen Wintern betroffen.

Dazu kommt, dass sich die Folgen der Klimakrise regional und lokal sehr unterschiedlich zeigen und dies kaum vorhergesehen werden kann. Die von Wissenschaftlern erstellten Klimamodelle beschreiben die Folgen, wenn auch mit statistischer Unsicherheit, auf globaler Ebene zwar recht gut, nicht jedoch auf lokaler.

Wie stark die Veränderungen sein werden, hängt davon ab, wie rasch der Klimawandel fortschreitet. Die Geschwindigkeit des weltweiten Temperaturanstiegs kann niemand mit Sicherheit prognostizieren, aber es gibt einen Erwärmungstrend. Dieser setzt nicht nur die Ökosysteme, sondern auch Milliarden Menschen enormen Belastungen aus, zum Beispiel hinsichtlich der Wasserversorgung. Ein paar Zahlen aus Deutschland:

- Zwischen 1881 und 2022 stieg die Jahresdurchschnittstemperatur um 1,7 Grad Celsius. Wobei im Jahr 2022 die Durchschnittstemperatur 2,7 Grad Celsius über der Durschnittstemperatur des Zeitraumes zwischen 1881 und 1910 lag.
- Der phänologische Frühling, das heißt der Frühling nach dem Entwicklungsstand der Pflanzen, beginnt früher. Laut dem Deutschen Wetterdienst ist der Winter in den 30 Jahren von 1991 bis 2019 durchschnittlich um fast drei Wochen kürzer geworden. Ein längerer Sommer klingt auf den ersten Blick vielleicht gut, hat aber fatale Folgen. Das langsam durch tauenden Schnee sickernde Wasser fehlt Pflanzen und zur Grundwasserneubildung. Pflanzen treiben früher aus, sind so vor Spätfrösten schlechter geschützt, es kommt zu Frostschäden, die besonders auch Obstbäume betreffen. Krankheitserreger und Schädlinge können sich besser vermehren, neue wandern aus dem Süden zu.

  Die Entwicklung von Pflanzen und die Entwicklung der Tiere, die an diesen Pflanzen fressen, entkoppeln sich. Als Beispiel dient hier die Wintermotte, deren Nahrungsbäume, die Eichen, sich schneller entwickeln. Wenn das Räupchen schlüpft, sind ihm die Eichenblätter meist schon zu zäh. Weniger Raupen bedeuten auch weniger Singvögel.
- Auch Zugvögel halten sich fast einen Monat länger im nun wärmeren Deutschland auf als noch in den 1970er-Jahren. Das kann bedeuten, dass sie noch keine Nahrung finden, wenn sie früher kommen, oder keine mehr, wenn sie später abfliegen.
- Werden die Treibhausgasemissionen nicht verringert, ist eine Erwärmung um 0,2 Grad Celsius pro Dekade für die nächsten 30 Jahre sehr wahrscheinlich. Selbst bei einer Stabilisierung der Treibhausgasemissionen bis 2100 wird sich das Klima über das 21. Jahrhundert hinaus deutlich ändern und insbesondere der Meeresspiegel weiter steigen.

Um einige der Probleme noch einmal kurz zusammenzufassen:

In den Industrieländern steigen Wasserverbrauch und Wasserverschmutzung. Durch die Klimakrise treten in unseren Breiten immer mehr Starkregenereignisse und Wetterextreme auf. Immer mehr Flächen werden versiegelt, sodass Regenwasser vermehrt direkt in die Flüsse gelangt und nicht zur Grundwasserneubildung beiträgt. Die Kombination der letzten zwei Aspekte führt zu heftigen Überschwemmungen.

In Kürze: Wasser

Wasser ist für uns als Trinkwasser unverzichtbar.

Die größte Wassermenge auf unserem Planeten, 97 Prozent allen Wassers, finden wir in den Ozeanen.

Ohne Ozeane würde unsere Erde nicht funktionieren, Ozeane sind:

- *Lebensraum für unzählige Organismen,*
- *die weltweit größten Sauerstoffproduzenten,*
- *die weltweit größten Kohlendioxidspeicher,*
- *wertvolle Nahrungsquelle,*
- *Wärmepuffer und Temperaturregulatoren, zum Beispiel der Golfstrom.*

Der Kreislauf des Wassers beginnt in den Ozeanen: Wasser verdunstet, der Wasserdampf steigt auf, wird verweht und regnet über den Landmassen wieder ab. Der Regen versickert durch den Boden, der als Filter wirkt, in die Grundwasserspeicher und tritt als Quellen wieder an die Oberfläche. Aus den Quellen werden Bäche und Flüsse, deren Wasser speist wiederum die Ozeane.

Wir Menschen benötigen viel Wasser: mindestens 2 Liter pro Tag als Trinkwasser und in Mitteleuropa an die 200 Liter für andere Zwecke. In Mitteleuropa leben wir dank des gemäßigten Klimas und der Alpen in einem für die Wasserversorgung besonders günstigen Raum.

Allerdings greifen wir in negativer Weise in den Wasserkreislauf ein, zum Beispiel durch die zunehmende Versiegelung unserer Böden, wodurch Regenwasser vermehrt in die Flüsse statt ins Grundwasser gelangt.

In Kombination mit Temperaturanstieg und vermehrtem Auftreten von Starkregen im Zuge der Klimakrise führt die Versiegelung zur Überlastung der Kanalisationen und zu Überschwemmungen.

Dies betrifft uns alle, und wenn wir auch nur einen Teil der Vorschläge in diesem Buch in die Tat umsetzen, leisten wir dadurch unseren Beitrag für eine bessere Welt.

Planen

Angesichts der Klimakrise und ihrer Folgen könnten wir zwar verzweifeln, aber Verzweiflung hat noch nie einen Karren aus dem Dreck gezogen. Sicherlich sind wir alle klein, aber um es mit Anita Roddick, der Gründerin des Unternehmens »The Body Shop«, auszudrücken: »Wenn du glaubst, du bist zu klein, um etwas zu bewirken, versuch' mal, mit einer Stechmücke im Zimmer ruhig zu schlafen.«

Jedes schöne große Puzzle besteht aus vielen kleinen Teilen. Jedes kleine, noch so unscheinbare Teil trägt etwas zum Gesamtbild bei. So trägt jeder Quadratmeter naturbelassene Fläche, jeder Liter Regenwasser, der langsam ins Grundwasser versickern darf, zu einem ausgeglicheneren Wasserhaushalt bei.

Wir ahnen nun, wie wir es nicht machen sollten. Alle weiteren Kapitel handeln davon, wie wir es – zumindest in unserem Garten – richtig machen können. Vielleicht sind wir nicht die »Königinnen und Könige der Welt«, aber die Königinnen und Könige all dessen, was sich innerhalb unseres Gartenzauns befindet und unseren Namen im Grundbuch trägt. Jedenfalls sind wir das im Rahmen der herrschenden Gesetze. Über alles Wasser, das innerhalb unseres Zaunes auf Boden und Dach prasselt, können wir verfügen; natürlich ebenfalls im Rahmen der herrschenden Gesetze. Wir sollten so damit umgehen, wie mit allem Wertvollen:

- Wir gehen **sparsam** damit um, das bedeutet, den Garten so zu planen, dass er mit den örtlichen Gegebenheiten und dem vorhandenen Regenwasser auskommt. Um das richtig zu machen, müssen wir kennen, was wir haben –, die Witterung, unseren Boden und die passenden Pflanzen. Die Grundlagen dafür finden wir in diesem Kapitel und ab Seite 135.
- Wir **nutzen,** was wir brauchen, wir beschränken unsere Gießaktivitäten auf das Nötigste, vor allem auf das Gemüsebeet, und nutzen dafür Regenwasser, nicht Trinkwasser aus der Leitung. Was wir brauchen, sammeln wir, in erster Linie naturnah in multifunktionalen Teichanlagen, aber auch in Zisternen. Details dazu finden Sie im Kapitel »Regenwasser nutzen« ab Seite 62.
- Den Rest **verschenken** wir. Wir lassen also den Regen, der auf unsere Dächer prasselt, durch den Boden zurück in die Grundwasserspeicher sickern. Dafür schaffen wir entsiegelte Flächen in unserem Garten, indem wir Flächen zum Beispiel mit wasserdurchlässigem Schotterrasen statt mit Beton befestigen. Andere Möglichkeiten des Verschenkens sind Sickermulden oder Sickerteiche. Hierzu erfahren Sie Weiteres im Kapitel »Regenwasser verschenken« ab Seite 92.

Bilder links: Naturnahe Grünraumgestaltung, gerade auch mit dem Element Wasser, passt gut in Schulfreiräume (oben). Und auch auf kleinstem Raum können vielfältige Strukturen und Ebenen gestaltet werden (unten).

Im Folgenden sehen wir uns also zunächst die **Regensituation** in unserem Garten an: Wie viel regnet es überhaupt? Auf welche Flächen trifft das Regenwasser und wie groß sind diese? Wie viel Regenwasser steht uns also zum Gießen oder für unseren Teich zur Verfügung oder wie viel Wasser gilt es naturnah zu »entsorgen«, weil wir es weder zum Gießen noch für sonstige Zwecke benötigen?

Kennen wir die Regenwassersituation in unserem Garten, sehen wir uns als Nächstes unseren **Gartenboden** an. Ein Versickerungsversuch verrät uns, wie viel Wasser unser Boden überhaupt aufnehmen kann. Nur so können wir zum Beispiel entscheiden, welche Versickerung in unserem Garten überhaupt möglich und sinnvoll ist oder wie groß unser Sickerelement sein sollte.

Erst mit diesen Grundlagen – Kenntnis der Regensituation und des Bodens im Garten – können wir entscheiden, wie wir Regenwasser sammeln oder versickern lassen möchten. Erst dann können wir unseren Garten der Zukunft verwirklichen.

Niederschlagsmengen

Jeder Garten, jeder Boden, jedes Dach ist anders. Das heißt, jede Anlage zum Sammeln von Regenwasser oder jede Versickerungseinrichtung will gut auf die örtlichen Gegebenheiten zugeschnitten sein. Als Erstes sehen wir uns die Regensituation in unserem Garten an, damit wir wissen, welche Regenmengen wir »verplanen« müssen.

Zunächst eine allgemeine Bemerkung dazu: Die Berechnungen und Beispielrechnungen in diesem Buch orientieren sich an einem vereinfachten, an der Praxis orientierten Verfahren, das unter den Bedingungen im Privatgarten völlig ausreicht.

Vereinfacht heißt auch, dass ich mich bemüht habe, die in den verschiedenen Publikationen und Quellen vorhandenen Maßangaben auf jeweils eine Einheit umzurechnen. Wir wollen ja nicht Äpfel mit Birnen vergleichen, also Liter pro Sekunde pro Hektar mit Millimeter pro Minute pro Quadratmeter. Um Ihnen die Rechnerei zu ersparen, habe ich mögliche Werte in Tabellen gefasst, in denen Sie nur den eigenen Wert finden müssen.

Auch übliche Begriffe wie »Regenlinien«, »Durchlässigkeitsbeiwert« und Abkürzungen wie »As«, »kf-Wert« und Ähnliches habe ich nach reiflichen Überlegungen gestrichen. Die Erklärungen und Berechnungen sollen so sein, dass niemand Stunden mit Taschenrechner und Recherche verbringen muss. Ich möchte es so erklären, wie ich es selbst gerne erklärt gehabt hätte, als ich begonnen habe, mich mit dem Thema zu beschäftigen. Dies ist keine wissenschaftliche Abhandlung, sondern ein Buch, nach dem wir tatsächlich etwas bauen können. Bitte um Rückmeldung, ob mir das gelungen ist.

Der erste Plan ist selten der Richtige. Es wird gefeilt, geändert, verworfen, so lange, bis ein stimmiges, zur Situation passendes Gesamtkonzept entsteht.

Obwohl ich weder Meteorologie noch Wasserwirtschaft studiert habe, habe ich mir bei der Bearbeitung der Berechnungsverfahren einige Freiheiten herausgenommen:

Viele der verfügbaren Daten sind nicht ganz taufrisch, zehn Jahre oder älter, und können unter Berücksichtigung der folgenden Anmerkung nicht eins zu eins übernommen werden. Denn wie bereits erklärt, werden im Zuge der Klimakrise Veränderungen auf uns zukommen, die bisher niemand mit wissenschaftlich genauer Sicherheit beurteilen kann. Die Anzahl der Publikationen zum Thema wächst schneller, als ich sie lesen kann, aber es scheint eine Grundtendenz zu mehr Extremen zu geben. Das bedeutet im Hinblick auf unser Thema: mehr Starkregen, das heißt große Niederschlagsmengen in kurzer Zeit, längere Regenphasen, abgelöst von starken Hitzephasen.

Dies berücksichtige ich bei den Dimensionierungen so, dass ich sowohl Rückhalteflächen als auch Sickerflächen größer plane als in den gängigen Berechnungsmodellen. Mehr Regen braucht größere Sickerräume. Für die langen Schönwetterphasen wiederum brauchen wir größere Speicherräume für Gießwasser. Außerdem gehöre ich zu den Menschen, die bei einer Party mit zwanzig geladenen Gästen gerne für vierzig Personen vorsorgen, jedenfalls ist bei mir noch niemand verdurstet oder verhungert.

So, aber nun endlich zum Eingemachten. Insbesondere zwei Größen sind für die Berechnung einer Versickerungsanlage oder einer Anlage zum Sammeln von Regenwasser wichtig: Das ist zum einen die Entwässerungsfläche und zum anderen der sogenannte Bemessungsregen.

Entwässerungsfläche

Die Entwässerungsfläche ist die Fläche, von der Regen in unserem Versickerungsbauwerk oder in unserer Sammelanlage gesammelt werden soll. Das ist in der Regel das Dach unseres Hauses.

Die meisten Dächer haben eine mehr oder weniger starke Neigung, gemessen wird aber die horizontal projizierte Fläche, auf die der Regen trifft.

Dach ist nicht gleich Dach, beziehungsweise befestigte Fläche ist nicht gleich befestigte Fläche. Das Substrat auf einem begrünten Dach zum Beispiel saugt Wasser auf, wodurch nicht so viel abläuft wie von einem Ziegeldach oder Betondach. Dementsprechend müssen wir die verschiedenen Entwässerungsflächen mit dem jeweils dazugehörigen Abflussbeiwert multiplizieren. Klingt kompliziert, lässt sich aber ganz leicht der unten stehenden Übersicht entnehmen.

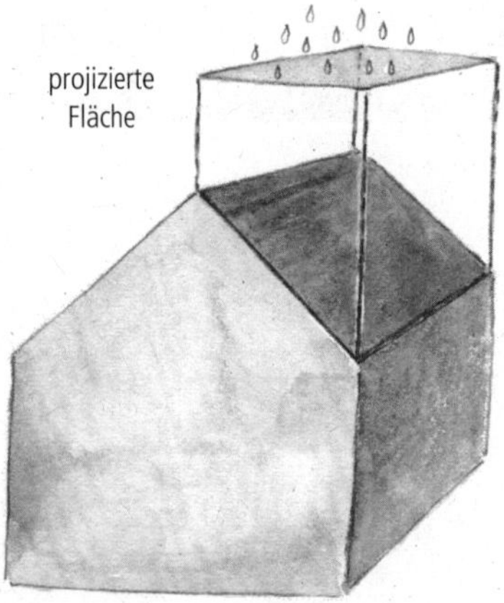

So trifft Regen auf das Dach. Die projizierte Fläche entspricht der Entwässerungsfläche.

Ein Abflussbeiwert von 1 bedeutet, dass alles, also 100 Prozent des auftreffenden Niederschlags, abgeleitet wird, bei einem Dach also in der Regenrinne landet. Ein Abflussbeiwert von 0,5 bedeutet den Abfluss von 50 Prozent des auftreffenden Niederschlags. Einen Abflussbeiwert von 50 Prozent haben zum Beispiel begrünte Dächer, weil Substrat und Vegetation Wasser zurückhalten.

Ausgewählte Abflussbeiwerte für verschiedene Flächen

(nach der österreichischen ÖNORM B 2506-1;
Abflussbeiwerte nach der deutschen DIN 1986-100 sind sehr ähnlich)

- hart gedeckte Dächer: 1,0
- Gründächer: 0,4 – 0,7 (je nach Stärke des Substrates)
- befestigte (asphaltierte) Höfe: 0,8 – 1,0
- wassergebundene Decken: 0,6 – 0,8
- Grünflächen: unter 0,5

Grünflächen weisen laut Übersicht (siehe links unten) einen Abflussbeiwert von unter 0,5 auf. Damit sind Grünflächen in Hanglage gemeint, von denen Regenwasser auf eine Sickerfläche oder auch in einen Kanal rinnen kann. Dieser Wert hat geringe Genauigkeit und Aussagekraft, weil er von vielen Faktoren abhängt, zum Beispiel: Wie steil ist das Gelände? Wie durchlässig ist der Boden? Im Grunde teilt uns der Wert lediglich mit, dass durch schräge Grünflächen nur ein Teil des Regenwassers sofort versickert und der Rest oberflächig abrinnt.

Der Wert eines begrünten Daches

Gründächer erfreuen sich zunehmender Beliebtheit, vor allem für Nebengebäude wie Garagen, Carports oder Schuppen. Sie eignen sich aber, fachgerecht gebaut und abgedichtet, ebenso gut zur Deckung von Wohnhäusern, wobei sich technisch am einfachsten leicht schräge Dächer mit einer Neigung von bis zu 30 Grad errichten lassen.

Was ist das, ein Gründach? Man versteht darunter ein meist mit Folie abgedichtetes Dach, das zusätzlich zur reinen Dichtung eine bepflanzte Substratschicht aufweist. Dies vereint mehrere Vorteile:

- **Wärmedämmung:** Die Substratschicht wirkt als Isolierung ausgleichend für Wärme und Kälte.
- **Wasserspeicherung:** Das Substrat speichert Regenwasser, dieses rinnt also zeitverzögert in den Kanal oder in das Sickerelement. Die Pflanzen nehmen auch einen Teil des Regenwassers auf und verdunsten es wieder. Dieser Anteil muss also gar nicht erst versickert werden. Durch die Verdunstung entsteht im Sommer in der Umgebung des Gründaches ein angenehmes Kleinklima.
- **Ansprechende Optik:** Ein Gründach mit Gräsern, Hauswurzen und blühenden Kräutern bietet einen sympathischeren Anblick als eine schnöde Deckung aus Teerpappe, Folie oder Ziegeln.
- **Artenreichtum:** Für ein extensives Gründach genügt eine 3 bis 10 Zentimeter dicke Schicht aus speziellen, wasserspeichernden Substraten, etwa eine Mischung mit Ziegelsplitt. Wie hoch und damit auch wie schwer diese Schicht maximal sein darf, muss eine Fachperson berechnen. Natürlich können sich auf diesem extremen, weil trockenen und nährstoffarmen, Standort nur Pflanzen behaupten, die sich auf ähnlichen Naturstandorten durch Selektion entwickelt haben. Ganz besondere Spezialisten also, die wir sonst im Garten kaum finden. Das Gründach schafft so zusätzliche Artenvielfalt an Pflanzen und in deren Folge an den sie nutzenden Tieren. Es summt und brummt an Hauswurzen, Berg-Lauch und Thymian. Auch Fetthennen – die Pflanzen, nicht das Geflügel – fühlen sich dort wohl.

Bemessungsregen

Der Bemessungsregen sagt uns, wie viel Wasser von der Entwässerungsfläche, zum Beispiel dem Dach, auf das Sickerelement oder die Sammelanlage zukommt. Zur Bemessung wird Starkniederschlag herangezogen, der statistisch gesehen alle fünf Jahre auftritt und dabei fünfzehn Minuten andauert. Das bedeutet, dass höhere Niederschläge, die statistisch gesehen seltener auftreten, zum Beispiel alle zehn oder sogar dreißig Jahre, nicht erfasst werden. Regionale Niederschlagsmengen und Starkniederschlagsmengen können wir beim Wetterdienst erfragen.

Die Internetseite des Deutschen Wetterdienstes bietet ausgezeichnete Informationen, unter anderem ein Wetterlexikon zur Vertiefung der Themen »Wetter« und »Klima«, und Daten zum aktuellen Wetter.

Der Bemessungsregen stellt sich jedoch bei näherer Betrachtung als heikle Sache heraus. Einerseits stammen die zur Verfügung stehenden Richtwerte für Starkniederschläge oft aus Publikationen, die sich zehn Jahre alter Daten bedienen und somit nicht mehr stimmen. Andererseits kann man aus den Daten der letzten Jahre zwar eine Tendenz – steigend – ablesen, aber es ist kein gleichmäßiger Anstieg. Zum Beispiel gab es 2018 fast doppelt so viele extremen Regenereignisse wie 2019.

Vom subjektiven Empfinden her ist es jedenfalls so, dass Starkregen häufiger als nur alle fünf Jahre und auch mit größeren Niederschlagsmengen auftreten. Deshalb habe ich die Berechnungen in diesem Buch mit Sicherheitspolstern von 20 Prozent versehen. Das entspricht in etwa den Werten, die in den vorhandenen Datensätzen für das 10-jährliche Starkregenereignis aufscheinen. Wie es im Englischen so schön heißt: »better save than sorry« – Vorsorge ist besser als Nachsehen. Natürlich kann es trotzdem passieren, dass genau nach dem Bau einer mit diesem Sicherheitspolster versehenen Sickermulde ein noch heftigeres 30-jährliches Starkregenereignis auftritt und die Mulde überschwemmt, aber auch dafür haben wir mit einem Überlauf vorgesorgt. Dieser Überlauf besteht im einfachsten Fall aus einer Absenkung des Muldenrandes an einer bestimmten Stelle, sodass dort das Wasser als Erstes »überläuft«. Von dort gelangt es entweder auf eine Sickerfläche, falls ausreichend Platz vorhanden ist, oder in den Kanal.

Auch sollte man Europa, ja nicht einmal Mitteleuropa »in einen Topf werfen«. Im Alpenraum sieht die Situation anders aus als an der Pannonischen Tiefebene oder an der Nordsee.

Laut GeoSphere Austria ist der Alpenraum vom Klimawandel bis jetzt stärker als andere Regionen betroffen. So wurde in den österreichischen Alpen ein höherer Temperaturanstieg als im globalen Vergleich gemessen. Die Jahresniederschlagsmenge wird sich in Zukunft vermutlich nur geringfügig ändern. Im Nord-Westen ist eher mit einer Zunahme und im Süd-Osten mit einer Abnahme innerhalb des Alpenraums

Ein Gründach bietet eine zusätzliche Biodiversitätsfläche und einen Zwischenspeicher für Regenwasser

zu rechnen. Grundsätzlich wird man auch mit einer kürzeren Schneedeckendauer im gesamten Alpenraum rechnen müssen. Zusätzlich kommt es durch das Auftauen der Permafrostböden in höheren Lagen immer wieder zu Hangrutschungen und Felsstürzen.

Einfach Durchschnittswerte herbeizuziehen, ist also in etwa so, als steckten wir mit den Füßen im Ofen und mit dem Kopf im Kühlschrank, und behaupteten dann, wir hätten eine angenehme Körpertemperatur.

Wie viel regnet es in meinem Garten?

So, das war jetzt ausreichend verwirrend – das Thema ist komplex und der Hinweis auf die Unsicherheit von Berechnungen auf jeden Fall nötig. Als Belohnung für das Durchackern folgt jetzt aber die einfache, praktische Berechnung.

Als Erstes erfragen wir die Niederschlagsmenge, die bei uns als Starkniederschlag gilt. So erfahren wir beispielsweise, dass – statistisch gesehen – in Berlin alle 5 Jahre 190 Liter Regen pro Sekunde pro Hektar für eine Dauer von 15 Minuten auf uns niedergehen. Eine Minute sind 60 Sekunden. 15 Minuten sind 900 Sekunden.

900 Sekunden lang regnet es 190 Liter in der Sekunde, insgesamt prasseln also 171 000 Liter auf unseren Musterhektar. Ein Hektar sind 10 000 Quadratmeter. Wir kommen also zum Schluss, dass uns 17,1 Liter Regenwasser pro Quadratmeter in 15 Minuten erwarten. Ein Liter pro Quadratmeter entspricht 1 Millimeter Niederschlag: Wir haben einen 5-jährlichen Starkregen von 17,1 Millimetern pro 15 Minuten errechnet.

Um die Klimakrise zu berücksichtigen, geben wir etwa 20 Prozent mehr Niederschlag dazu, der das 10-jährliche vom 5-jährlichen Starkregenereignis unterscheidet, und erhalten 20,5 Millimeter Niederschlag.

Die unten stehende Umrechnungstabelle für den Hausgebrauch erspart uns diese Berechnung: Die linke Spalte steht für die erfragte Niederschlagsmenge: Die Spalte ganz rechts nennt den dazugehörigen Niederschlag mit Sicherheitspolster in Liter pro Quadratmeter, der 15 Minuten lang anhält.

Umrechnung von Niederschlagsmengen

Liter (oder Millimeter)* Niederschlag pro Sekunde und Hektar innerhalb von 15 Minuten (l / s / ha); 5-jährlich	Liter (oder Millimeter)* Niederschlag pro Quadratmeter innerhalb von 15 Minuten (l / m² innerhalb von 15 Minuten)	Liter (oder Millimeter)* Niederschlag pro Quadratmeter pro Minute (l / m² / 15 Minuten)	Liter (oder Millimeter)* Niederschlag pro Quadratmeter innerhalb von 15 Minuten mit 20 % Zuschlag (l / m² innerhalb von 15 Minuten × 1,2)
	Wert Spalte 1 × 900 / 10 000	Wert Spalte 2 / 15	Wert Spalte 2 × 1,2
150	13,50	0,90	16,20
160	14,40	0,96	17,28
170	15,30	1,02	18,36
180	16,20	1,08	19,44
190	17,10	1,14	20,52
200	18,00	1,20	21,60
210	18,90	1,26	22,68
220	19,80	1,32	23,76
230	20,70	1,38	24,84
240	21,60	1,44	25,92
250	22,50	1,50	27,00

* Niederschlagsmengen werden entweder in Liter oder in Millimeter pro Flächeneinheit innerhalb einer bestimmten Zeit angegeben. Der Literwert und der Millimeterwert sind stets identisch, sodass die Berechnung in Litern zum selben Ergebnis führt wie die Rechnung in Millimetern (1 l / s / ha = 1 mm / s / ha).

Bild rechts: Der Boden ist die Basis für alles Leben. Es liegt in unseren Händen, sorgsam mit ihm umzugehen.

Welchen Boden habe ich im Garten?

Wir wissen jetzt, wie viel es in unserem Garten regnet und mit wie viel Wasser wir rechnen können und müssen. Als Nächstes sehen wir uns der Boden in unserem Garten an. Welche Bedeutung hat er für unser Regenwassermanagement und wie können wir seine Eigenschaften dabei am besten berücksichtigen?

Ganz selbstverständlich gehen wir davon aus, dass im Garten Boden vorhanden ist, doch dies ist nicht immer der Fall, zum Beispiel dann nicht, wenn wir ein Grundstück mit großen, zubetonierten Flächen erwerben. Zudem ist Boden nicht gleich Boden und nicht jeder Boden bietet das von ihm erwartete. Um den Boden im Garten richtig einzuschätzen und optimal nutzen zu können, ist es hilfreich, ein wenig über Bodenkunde zu wissen, schließlich ist der Boden für fast alle Landpflanzen unverzichtbar, er ermöglicht ihnen Verankerung und die Aufnahme von Nährstoffen und Wasser.

Was das mit dem Thema »Regenwassernutzung« zu tun hat? Sehr viel, denn ein gewachsener Boden mit einer intakten Humusschicht und einem gut durchlässigen Porensystem speichert Regenwasser und lässt es langsam in den Grundwasserkörper sickern. Dadurch wird ein rasches Abrinnen des Wassers in die Flüsse und werden infolgedessen Überschwemmungen vermieden. Ein gut entwickelter Boden liefert darüber hinaus Nährstoffe und Verankerung für gut wachsende Pflanzen, die wiederum Wasser aufnehmen, es einerseits speichern, aber auch verdunsten, was uns ein angenehmes Mikroklima beschert.

Was ist nun genau »Boden«? Als Boden bezeichnet man den obersten Bereich der Erdkruste. Er ist durch Verwitterung, Umbildung und Neubildung entstanden und besteht aus: verwittertem Gestein (Mineralanteil), wassergefüllten und luftgefüllten Hohlräumen zwischen den Bodenteilchen (Poren), organischen Resten verschiedener Lebewesen, Tiere und Pflanzen, in unterschiedlichen Graden der Zersetzung (Humus) und Bodenlebewesen (Bakterien, Pilze, Bodentiere).

Ein wichtiger Bestandteil des Bodens ist das Bodenleben. Es sorgt durch Verkitten von Bodenteilchen für eine haltbare, gute Bodenstruktur und bereitet die Nährstoffe zur Aufnahme für die Pflanzenwurzeln vor. Spezielle Bakterien wie die Knöllchenbakterien sind in der Lage, Luftstickstoff zu binden, den sie bestimmten Pflanzen wie den Schmetterlingsblütlern, den Leguminosen, zur Verfügung stellen. Diese wiederum versorgen die Bakterien im Gegenzug mit Zuckern. In einer Handvoll fruchtbarer Gartenerde sind mehrere Milliarden Lebewesen enthalten! Pro Hektar wiegen sie immerhin zwischen 3 und 40 Tonnen! Das Bodenleben besteht zu 60 Prozent aus Pilzen, zu 30 Prozent aus Bakterien und zu 10 Prozent aus Bodentieren.

Bodenprofil

Führt man einen lotrechten Schnitt durch den Boden, erkennt man, dass er aus verschiedenfarbigen Schichten, den sogenannten Horizonten, aufgebaut ist. Solch einen Schnitt nennt man Bodenprofil. Der Fachmensch kann daraus die Entstehung des Bodens, seinen Gehalt an Wasser und Humus und daraus seine Eignung als Pflanzenstandort ablesen. Ist der Boden zum Beispiel feucht und staut sich das Wasser, wachsen dort bevorzugt andere Pflanzen als auf einem trockenen, sehr durchlässigen Boden. Möchten wir unseren Garten möglichst angepasst an den Boden und die Regensituation bepflanzen, können wir dies berücksichtigen. Das hilft uns zum Beispiel auch, Gießwasser zu sparen.

Ein Bodenprofil zeigt typischerweise vier Schichten: die organische Auflage, den Oberboden, den Unterboden und das Ausgangsgestein.

- **Organische Auflage** (O-Horizont [Organischer Auflagenhorizont], Mulchschicht): Diese Auflage besteht aus abgestorbenen, teilweise zersetzten organischen Materialien wie Laub, Grasresten oder toten Tieren.
- **Oberboden** (A-Horizont [Mineralischer Oberboden], Mutterboden, Humusschicht): Der Oberboden ist die mit lebenden und toten organischen Bestandteilen angereicherte oberste Mineralbodenschicht. In der Regel ist dieser Boden stark von Mikroorganismen, Insekten, Regenwürmern und anderen Lebewesen belebt, die sich von den toten organischen Teilen und voneinander ernähren. Der Oberboden ist nährstoffreich und reich an von uns häufig wenig erwünschten

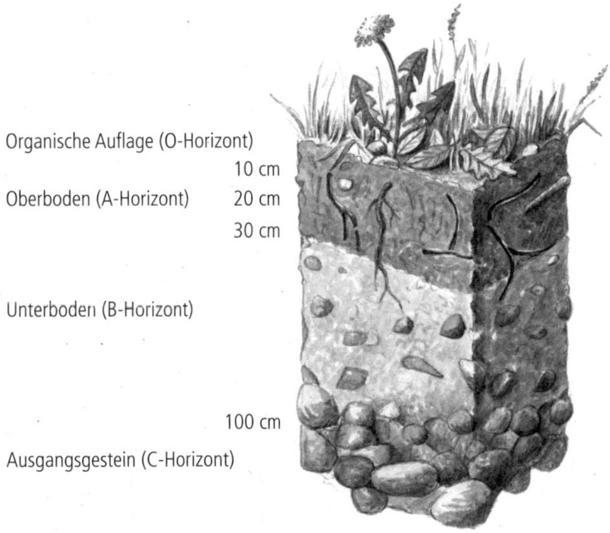

So sieht ein Bodenprofil aus

Samen, die auf günstige Keimbedingungen warten. Der Oberboden ist in der Regel dunkelbraun bis schwarz und damit deutlich dunkler als der Unterboden.

- **Unterboden** (B-Horizont [Mineralischer Unterboden]): Das ist die unter dem Oberboden liegende Schicht, die meist rein mineralisch, ohne organische Anteile oder Bodenlebewesen zusammengesetzt ist. Der Unterboden ist immer nährstoffarm und frei von Pflanzensamen. Seine Farbe variiert von Fahlbraun bis Grau.
- **Ausgangsgestein** (C-Horizont [Mineralischer Untergrund], Muttergestein): Das Ausgangsgestein ist das Gestein, aus dem der Boden entstanden ist. Typische Ausgangsgesteine sind zum Beispiel der eher saure Granit, basische Kalke oder Sandstein.

In Kürze: Bodenprofil und Bodenbestimmung

Boden ist der oberste Bereich der Erdkruste, bestehend aus Ausgangsgestein, verwittertem Gestein, luftgefüllten und wassergefüllten Poren, organischen, teilweise zersetzten Resten und Bodenlebewesen.

Der ideale Boden besteht zu 50 Prozent aus Festsubstanz, zu 30 Prozent aus wasserführenden und zu 20 Prozent aus luftführenden Poren. Anhand eines Bodenprofils können wir Eigenschaften des Bodens ableiten: Wasserspeicherfähigkeit oder Wasserdurchlässigkeit, Nährstoffgehalt und Nährstoffspeicherfähigkeit, Gehalt an Säuren, Basen, Kalk. Diese Eigenschaften können wir auch anhand des Pflanzenkleides, den sogenannten Zeigerpflanzen, rückschließen.

Bodenbestimmung

Wichtige Bestimmungsgrößen zur Beschreibung eines Bodens sind diese vier:
- Bodenart,
- Humusgehalt,
- Bodengefüge und
- pH-Wert des Bodens.

Diese Werte sagen uns zum Beispiel, wie gut unser Boden Wasser speichert, ob er nährstoffreich oder nährstoffarm ist und welche Pflanzen besonders gut auf ihm gedeihen.

Bodenart mit der Fingerprobe bestimmen

Um die Bodenart zu bestimmen, müssen wir wissen, dass der mineralische Teil des Bodens aus einer Mischung aus Sand (grobkörnig, Korngröße von 0,06 bis 2 Millimeter), Ton (Korngröße kleiner als 0,002 Millimeter) und Schluff (Korngröße liegt zwischen Sand und Ton) besteht. Je nach Anteil von Sand, Schluff und Ton benennen wir die Bodenart. Der allseits bekannte Lehm setzt sich beispielsweise zu ziemlich gleichen Anteilen aus allen drei zusammen.

Ganz einfach lässt sich die Bodenart mit der Fingerprobe bestimmen. Eine etwa esslöffelgroße, feuchte Bodenprobe wird zwischen Daumen und Zeigefinger kurz geknetet, bis der Glanz des Wassers verschwindet, und dann zu einer Kugel geformt. Dabei reagiert jede Bodenart unterschiedlich.

- **Sandige Böden:** Die Kugel lässt sich nicht formen und zerfällt, sie hat eine raue und körnige Struktur, kaum Feinsubstanz. Das bedeutet: wenig bis keine Nährstoffe, Wasser rinnt hindurch.
- **Schluffige und tonige Böden:** Die Kugel lässt sich gut bilden. Schluffige und tonige Böden sind glatt, schmierig und schwer. Das bedeutet: Diese Böden enthalten meist viele Nährstoffe und speichern diese und auch Wasser gut, manchmal zu gut, Wasser kann kaum versickern.
- **Lehmige Böden:** Die Kugel lässt sich durch den Tonanteil bilden, wird durch den Sand aber rissig, fühlt sich rau an und knirscht durch den Sand, die Oberfläche ist stumpf, nicht glatt. Das bedeutet: Lehmige Böden können große Mengen Wasser und Nährstoffe speichern.
- **Torfböden:** Die Kugel lässt sich nicht formen, zerfällt, fühlt sich grob, fasrig und sehr leicht an. Das bedeutet: Torfböden enthalten wenig bis keine Nährstoffe. Torf ist meist wassergesättigt, trocknet er aber aus, nimmt er Wasser fast nicht mehr auf. Torfböden kommen wohl kaum von Natur aus in einem Garten vor, sind doch die natürlichen Torfstandorte Moore, die meist unter Schutz stehen. Deshalb werden torfhaltige Substraten im naturnahen Garten nicht verwendet.

Bodenart

Je nach Untergrundgestein, Klimaverhältnissen und Pflanzendecke sind viele verschiedene Bodentypen wie Braunerde, Schwarzerde oder Gley entstanden. Die Bodenart des Gartens genau zu kennen, ist für unsere Zwecke nicht so wichtig, eine grobe Bestimmung aber hilfreich und auch notwendig, um diejenigen Pflanzen auswählen zu können, die mit dem vorhandenen Boden am besten zurechtkommen. So bieten sandige, steinige, nährstoffarme Böden mit vielen groben Poren und Hohlräumen, durch die Wasser schnell abfließt, oft die besten Standorte für schön blühende Spezialisten wie Kartäuser-Nelke, Kugelblume oder Küchenschelle. Auf lehmigen, nährstoffreichen Böden können sich diese Pflanzen dagegen nicht gegen die Konkurrenz nährstoffliebender Arten durchsetzen. Ganz einfach lässt sich die Bodenart mit der Fingerprobe bestimmen (siehe Textkasten links).

Humusgehalt

Um die Fruchtbarkeit eines Bodens einschätzen zu können, ist es wichtig, den Humusgehalt zu kennen. Humus ist zersetztes und aufbereitetes organisches Material aus Tier- und Pflanzenresten. Die Reste werden von Bodentieren zerkleinert und mit den mineralischen Bodenteilchen vermischt. Besonders wichtig ist hierbei der Regenwurm. Die zerkleinerten Teile werden dann von Bodenpilzen und Bakterien in stabile Huminstoffe umgebaut und schließlich nach Jahren oder Jahrzehnten zu Mineralstoffen zersetzt. Diese aus toten Lebewesen entstandenen Mineralstoffe dienen den Pflanzen ebenso als Nährstoffe wie die Mineralstoffe aus verwittertem Gestein. Humus speichert Wasser, liefert Nährstoffe und lockert den Boden auf.

Ein grobes Bestimmungsmerkmal für den Humusgehalt ist die Farbe des Bodens: In der Regel sind dunklere Böden humusreicher. So bezeichnet man einen hellgrauen Lehmboden mit bis zu 1 Prozent Humus als humusarm, einen schwarzen Lehmboden mit 15 bis 30 Prozent (!) Humus als humusreich. Achtung: Beim Farbvergleich verschiedener Böden gilt es aufzupassen, dass man Böden gleicher Feuchte miteinander vergleicht, denn feuchte Böden wirken immer dunkler als trockene.

Die dunkle Farbe des Humus bewirkt, dass sich der Boden im Frühling früher erwärmt, wodurch das Wurzelwachstum früher beginnt. Schließlich starten Keimung und Wachstum erst bei einer Bodentemperatur von mehr als 5 Grad Celsius.

Doch ja, die ganze Theorie nutzt uns bei der Beurteilung unseres Gartenbodens und seiner Eigenschaften als Pflanzenstandort: Wir wissen jetzt, dass ein dunkler, humusreicher Boden den Pflanzen mehr Nährstoffe zur Verfügung stellt als ein heller. Wir wissen, dass sich Wasser in einem Lehmboden besser als in einem Sandboden hält. Entscheidend sind neben Bodenart und Humusgehalt außerdem das Bodengefüge und der Säuregehalt des Bodens.

Bodengefüge

»Bodengefüge« beschreibt das Mischungsverhältnis von festen Bodenteilchen und Hohlräumen. Das Gefüge ist entscheidend für die Luftführung und Wasserführung des Bodens und für die Möglichkeit der Wurzeln, sich auszubreiten.

Der ideale Boden besteht zu 50 Prozent aus Festsubstanz, zu 30 Prozent aus wasserführenden Poren und zu 20 Prozent aus luftführenden Poren. Sind diese ideal verteilten Bodenteile mithilfe von Bakterien verkittet, nennt man dies Krümelgefüge, das ideale Bodengefüge. Welcher Boden ist also ideal?

Sandböden haben ein Einzelkorngefüge, die Teilchen sind nicht miteinander verklebt. Dadurch können jederzeit genug Luft und Wasser eindringen, Letzteres allerdings auch schnell wieder abrinnen. Pflanzenwurzeln können sich im Sandboden gut ausbreiten.

Bei Böden aus grobem **Kies** sind die Hohlräume zwischen den einzelnen Körnern groß, und das Regenwasser rinnt in tiefere Schichten ab. Dort ist es nicht mehr für die Pflanzen verfügbar. Das bedeutet, dass auf diesen Böden nur ganz bescheidene Pflanzenarten mit geringstem Wasserbedarf ein Auskommen finden.

Ist dagegen der **Tonanteil** hoch, wird viel Wasser zurückgehalten, was auch nicht alle Pflanzen vertragen. Alles hat eben Vorteile und Nachteile, und wir werden versuchen, aus jedem das Beste zu machen.

Säuregehalt

Der Säuregehalt des Bodens wird durch den pH-Wert veranschaulicht: »pH« ist die Abkürzung der lateinischen Formulierung »pondus hydrogeni«, Gewicht des Wasserstoffs. Der pH-Wert ist der negative dekadische Logarithmus (»Zehnerlogarithmus«) der Wasserstoffionen-Aktivität. Freie Wasserstoffionen, die es im sauren Milieu in hoher Anzahl gibt, können sich mit anderen Elementen zu Säuren verbinden. Der pH-Wert informiert uns also darüber, ob unser Boden eher sauer oder das Gegenteil davon, alkalisch, ist:

- pH 7,2 – 14: alkalisch (basisch),
- pH 7,2 – 6,51: neutral,
- pH 6,5 – 5,51: schwach sauer,
- pH 5,5 – 4,51: sauer,
- pH 1 – 4,5: stark sauer.

Der Säuregehalt des Bodens ist deswegen interessant, weil Pflanzen diesbezüglich unterschiedliche Ansprüche stellen: von pH 4 bis 5 (für Almrausch) bis zu pH 7 bis 8 (für Buche, Nelke). Die meisten Böden sind leicht alkalisch bis neutral (pH zwischen 6,5 und 7,5). Damit kommt die überwiegende Anzahl der Pflanzen gut zurecht.

Pflanzen mit Säurezeigerfunktion

Im Folgenden eine Auswahl heimischer Pflanzen und Kulturpflanzen (K) mit Säurezeigerfunktion. Manchmal ist die heimische Art (zum Beispiel *Dianthus deltoides)* angegeben, meist aber die ganze Familie (zum Beispiel *Armeria),* das heißt, dass alle Vertreter dieser Familie Zeigerfunktion haben.

- **Stauden, die auf sauren Boden hinweisen:**
  Grasnelke *(Armeria)*, Arnika *(Arnica)*, Heidekraut *(Calluna)*,
  Heide-Nelke *(Dianthus deltoides)*, Erika *(Erica)*, Strohblume *(Helichrysum)*
- **Sträucher, die auf sauren Boden hinweisen:**
  Felsenbirne *(Amelanchier)*, Schönfrucht *(Callicarpa*, K), Besenginster *(Cytisus scoparius)*, Steinmispel *(Cotoneaster*, K), Ginster *(Genista)*, Zaubernuss *(Hamamelis*, K), Weide *(Salix)*, Hortensie *(Hydrangea*, K), Roter Holunder *(Sambucus racemosa)*, Magnolie *(Magnolia*, K), Schneeball *(Viburnum)*, Rhododendron *(Rhododendron*, K), Weigelie *(Weigelia*, K)
- **Stauden, die auf alkalischen (kalkhaltigen) Boden hinweisen:**
  Lauch *(Allium)*, Akelei *(Aquilegia)*, Kartäuser-Nelke *(Dianthus carthusianorum)*, Storchschnabel *(Geranium)*, Sibirische Schwertlilie *(Iris sibirica)*, Salbei *(Salvia)*, Königskerze *(Verbascum)*
- **Sträucher, die auf alkalischen (kalkhaltigen) Boden hinweisen:**
  Echte Berberitze *(Berberis vulgaris)*, Sommerflieder *(Buddleja*, K), Kornelkirsche *(Cornus mas)*, Zierquitte *(Chaenomeles*, K), Roter Hartriegel *(Cornus sanguinea)*, Fuchsie *(Fuchsia*, K), Hasel *(Corylus avellana)*, Winter-Jasmin *(Jasminum nudiflorum*, K), Rote Heckenkirsche *(Lonicera xylosteum)*, Kerrie *(Kerria japonica*, K), Rose *(Rosa)*, Duftjasmin *(Philadelphus*, K), Schwarzer Holunder *(Sambucus nigra)*, Spiere *(Spiraea*, K), Eberesche *(Sorbus*, besonders *Sorbus aria)*, Flieder *(Syringa*, K)

Sollten wir den Verdacht haben, dass der Boden in unserem Garten irgendwie seltsam ist, können wir den pH-Wert einfach prüfen. Er wird mit einem pH-Teststreifen aus der Apotheke, Aquarienhandlung oder dem Gartenhandel bestimmt. Eine lufttrockene Bodenprobe wird im Verhältnis 1:2,5 in destilliertem Wasser aufgelöst. Trübe Lösungen bitte durch einen Kaffeefilter gießen. Man hält den Teststreifen in die Lösung. Die erscheinende Farbe vergleicht man mit der beiliegenden Farbskala. Jeder Farbe ist ein bestimmter pH-Wert zugeordnet.

Auch sogenannte Zeigerpflanzen geben uns Hinweise auf den Säuregehalt unseres Bodens. Haben wir einige dieser Arten im Garten und fühlen sich diese besonders wohl oder eben überhaupt nicht, gibt uns dies deutliche Hinweise auf den Säuregehalt.

Im Naturgarten arbeiten wir mit den vorhandenen Gegebenheiten. Wir wählen die Pflanzen also passend zum Boden. Der pH-Wert als Orientierung hilft uns dabei.

Auch beim Gießen beachten wir den pH-Wert: Gießen wir mit »hartem« Leitungswasser, also Wasser, das viele Ionen enthält, wird sich der pH-Wert längerfristig in den alkalischen Bereich verschieben. Weil wir das nicht möchten, verwenden wir das etwas saure Regenwasser, sodass der pH-Wert langfristig nicht angehoben wird.

Wasserdurchlässigkeit des Bodens

Wenn wir zusätzliches Regenwasser, zum Beispiel vom Dach, in unserem Gartenboden versickern lassen möchten – zusätzlich zu dem Wasser, das ganz normal während eines Niederschlags auf die offenen Bereiche, also Beete, Rasen oder Wiesen, trifft –, müssen wir wissen, wie viel Wasser unser Boden zusätzlich aufnehmen kann, ohne sich in einen Sumpf zu verwandeln.

Je wasserdurchlässiger ein Boden ist, desto schneller versickert das eingeleitete Regenwasser, desto mehr Wasser kann der Boden innerhalb einer bestimmten Zeit aufnehmen und desto kleiner kann das Versickerungselement, zum Beispiel die Sickermulde, sein. Und je dichter ein Boden ist, desto weniger Wasser kann er pro Flächeneinheit aufnehmen und desto größer muss die Versickerungsanlage sein.

Der mineralische Anteil des Bodens, also der aus Gestein, nicht der durch die Zersetzung von Tieren und Pflanzen entstandene organische Anteil, besteht aus Körnchen verschiedener Größen (siehe auch Bodenprobe Seite 40). Je feiner das Korn, desto langsamer sickert Wasser durch den Boden.

Diese Sickergeschwindigkeit, die wir zum Beispiel zur Berechnung unseres Versickerungselementes benötigen, können wir in einem Versickerungsversuch messen (siehe Seite 107). Sie wird in Millimetern pro Minute gemessen. In der Praxis reicht es, die in diesem Versickerungsversuch bestimmte Durchlässigkeit des Bodens in »gut«, »mittel« und »gering« einzuteilen (siehe Seite 110).

Sickergeschwindigkeit von Wasser durch Boden

- Lehm (Mischung aus Ton, Schluff und Sand): 0,000006 – 0,6 Millimeter / Minute; es dauert bis zu 7 Tage, bis das Wasser 6 Millimeter tief versickert ist!
- Humus: 0,06 – 60 Millimeter / Minute
- sandiger Kies: 6 – 60 Millimeter / Minute
- Kies: 60 – 6000 Millimeter / Minute; das Wasser sickert bis zu 6 Meter pro Minute!

Denken

Wir kennen nun sowohl die Regensituation als auch den Boden in unserem Garten, jetzt leisten wir uns noch einen kleinen Exkurs in die Welt der Bedürfnisse, Motivationen und Visionen. Wir sind, ob es uns passt oder nicht, Teil eines Ganzen, und jede unserer Handlungen hat weitreichende Folgen. Das klingt vielleicht bedrohlich, enthält aber auch Freiheiten, Freiheiten in gewissen Grenzen zwar, aber doch, selbst zu entscheiden und zu gestalten.

Trinkwasser ist ein kostbares Gut, soweit eine der Erkenntnisse der bisherigen Kapitel. Mit Kostbarkeiten gehen wir sorgsam und sparsam um. Aus meiner Kindheit klingt mir noch Großmutters Stimme im Ohr, als wäre es gestern gewesen: »Spare in der Zeit, dann hast du in der Not.« Diese mantraartig geäußerten Hinweise wurden naturgemäß von mir nicht sehr wohlwollend aufgenommen, wollte ich mein Taschengeld doch lieber in saure Drops und Klebebildchen von den Jackson Five investieren. Allerdings hat diese Art der Erziehung trotz meines Widerstands bewirkt, dass ich Sparen als sorgfältigen Umgang mit dem Vorhandenen, als sinnvolle Vorsorge für eine vielleicht nicht ganz so rosige Zukunft begreife.

Auf kleinstem Raum werden hier Horizontale und Vertikale begrünt: Es gibt ein Wildblumenbeet, eine extensive Dachbegrünung, Wilden Wein an der Garagenwand und Echten Wein am Seil über dem Garten

Sparen bedeutet auch Achtsamkeit und Wertschätzung für die vielen Dinge, die uns geschenkt sind, die wir als selbstverständlich oft nicht bewusst wahrnehmen wie die Ressourcen Luft, Wasser und Boden, deren Zerstörung uns aber umso schmerzvoller treffen würde.

Sparen verstehe ich nicht als Geiz. Dieser hat meiner Ansicht nach allein mit Gier und Neid zu tun. Wir raffen häufig wie wahnsinnig immer mehr und mehr Dinge an uns, von deren Existenz wir bis vor Kurzem nicht einmal wussten und ohne Werbemaschinerien noch immer nicht wüssten. Als Zugabe werden diese Dinge meist noch unter Ausbeutung von Menschen und Umwelt in einem sogenannten Entwicklungsland oder Schwellenland hergestellt, um später als Sondermüll ebendort auf Deponien zu landen, damit die örtliche Kinderschar noch verwertbare Reste aus dem Müll herausklauben kann.

Im Folgenden geht es also nicht um Geiz, sondern um Sparen, im Sinne von überlegtem, achtsamem und respektvollem Umgang mit den Ressourcen – Boden, Energie, und hier vor allem Trinkwasser –, die uns in Mitteleuropa so großzügig zur Verfügung stehen. Und um Respekt für Werte, auch materielle Werte.

Welchen Sinn das haben soll? Ist es nicht doch nur ein Tropfen auf dem heißen Stein? Es ist eine einfache Frage der Logik: Wenn ich mich für etwas einsetze, habe ich eine Chance, vielleicht eine kleine, aber immerhin eine Chance, mein Ziel zu erreichen. Wenn ich mich nicht einsetze, habe ich gar keine Chance. Abgesehen davon ist die Spezies Mensch ohnehin durchsetzungskräftig. Positiv denkend, können wir sagen, dass Homo sapiens es in all den Jahrtausenden bis heute immer geschafft hat, für anstehende Probleme eine Lösung zu finden oder sie auszusitzen, seien es Eiszeiten, Dürren oder Vulkanausbrüche. Wir haben es bis jetzt geschafft – dank unseres Gehirns, das in der Lage ist, auch komplexe Probleme logisch zu lösen, dank der Fähigkeit zur Anpassung an widrige Situationen, dank eines unbändigen Überlebenswillens und – nicht zu vergessen – der Fähigkeit zur Zusammenarbeit. Diese Eigenschaften können uns auch diesmal aus der Krise helfen. Für unser Thema, Wasser im Garten, bedeutet dies zunächst: Denken.

Schaffen wir neues Denken!

Mit viel Fleiß hat es mancher von uns »zu etwas gebracht«. Dieses »Etwas« umfasst oft auch ein hübsches Eigenheim mit dem entsprechenden Grundstück drum herum, und wir wollen es uns – legitimerweise – auch so richtig schön machen.

Nur führt uns das Blättern in Hochglanz-Gartenmagazinen manchmal etwas über das Ziel hinaus. Wir sehen einen 20-Meter-Pool mit Marmoreinfassung, englischem Rasen und stramm in Form geschnittener Buchsbaumhecke, leicht verschwommen diskret fotografiert, ein Palais im Hintergrund, und unser Gehirn speichert dieses Bild in der Kategorie »Wunschobjekt«.

Dieses Habenwollen, gebündelt mit der Fähigkeit, uns anzueignen, was wir gesehen haben, es ins eigene Leben zu übertragen, alles zu tun, um eine Umsetzung zu erreichen, ist der Motor des Wirtschaftswachstums, leider oft auf Kosten anderer oder der Umwelt. Sehen wir uns unser Wunschobjekt einmal etwas genauer an:

Damit wir unseren 20-Meter-Pool bauen können, werden Wunden in die Landschaft gerissen, um Sand und Kalk für die Betonherstellung zu gewinnen. Dieser Fertigbeton wird häufig dort gekauft, wo er am billigsten ist, dann weit über die Landstraßen zu uns gekarrt, »mit dem Lkw oder wollt Ihr es selber tragen?«, frei nach dem Slogan des Transportgewerbes, und freigiebig im Ausstoß von Kohlendioxid aus der Verbrennung des Diesels.

Da wir uns Marmor nicht leisten können, wird es dann doch der billigere indische Schiefer, der unter Bedingungen abgebaut wird, die ich mir gar nicht vorstellen mag, und der unter Freisetzung von weiterem Kohlendioxid nach Europa verschifft wird, diesmal aus der Verbrennung von Schweröl.

Der englische Rasen hat bei näherer Betrachtung auch mit dem bis dato feuchteren atlantischen Klima in England zu tun und benötigt bei uns massive Beregnung mit immer rarer und teurer werdendem Trinkwasser. Leider ist solch ein Rasen eine Monokultur aus wenigen Grasarten, die sich in dieser Form nur halten kann, wenn ihre Konkurrenz, die Unkräuter, also Gänseblümchen und Co., beseitigt werden. Da uns der Rücken fürs Jäten zu schade ist und die Kosten für einen Gärtner zu hoch sind, greifen wir zu einer der Wunderwaffen des 20. Jahrhunderts, der Agrochemie. Wir versprühen Gifte, die alle Nichtgräser beseitigen – und sprühen auch etwas mehr als im Beipacktext angegeben. Auf die Landesflächen bezogen, kippen die Österreicher 0,04 t Pestizide / km^2 / Jahr in die Landschaft, die Deutschen bringen es auf 0,1 t / km^2 / Jahr und die Schweizer auf etwa 0,044 t / km^2 / Jahr.

Etwa 10 Prozent dieser »Pflanzenschutzmittel« werden von privaten Händen, also von unseren Händen, verteilt. Unser Überschuss wird direkt ins Grundwasser ausgeschwemmt, von wo er sich großzügig verbreitet. Viele der sogenannten »Pflanzenschutzmittel«, wie Bentazon, sind in der Wassergefährdungsklasse 2 (von drei Gefährdungsstufen) als »wassergefährdend« eingestuft. Wegen dieser Verunreinigungen kann man oberflächennahes Grundwasser kaum noch als Trinkwasser nutzen, weshalb immer tiefere Grundwasservorkommen angezapft werden müssen.

Zurück zu unserem Wunschobjekt: Wir versprühen also Gifte und Dünger, damit Rasen und Buchsbaumhecke gut wachsen, dann benötigen wir noch reichlich Zeit und Benzin oder Strom, um die Hecke in Form zu schneiden und den Rasen, im Sommer zweimal pro Woche, zu mähen.

Alles in allem ziemlich viel Aufwand für die Verwirklichung einer Vorstellung, die wir dem retuschierten Foto eines Lifestylemagazins entnommen haben.

Zu all dem noch das Wissen – wenn wir uns darauf einlassen –, dass jede unserer Entscheidungen, jede unserer Handlungen unsere Umwelt und andere Menschen beeinflusst. Wir beteiligen uns an Ausbeutung und Kinderarbeit in den sogenannten Entwicklungsländern, am Anzapfen immer tiefer gelegener Grundwasserspeicher, aus denen das Wasser mit benzinbetriebenen Aggregaten hochgepumpt werden muss, am weiteren Verbrauch von Erdöl für Agrochemie und Benzin für Transporte, dadurch am Ausstoß von Kohlendioxid und als Folge dieser Handlungen unter anderem an der Zunahme von Atemwegserkrankungen ...

Was tun? Schaffen wir neues Denken!

Neu zu denken bedeutet, Bilder nicht unkritisch zu übernehmen, Wunschvorstellungen zu hinterfragen, ihnen auf den Grund zu gehen: »Will ich das wirklich, oder will ich den Nachbarn übertrumpfen?«, »Wie groß brauche ich es wirklich?«, »Wird mir die Arbeit dabei nicht zu viel oder der Schuldenberg zu hoch?«

Neu zu denken bedeutet, unsere wahren Bedürfnisse zu erforschen.

Neu zu denken bedeutet, unsere Werte mit unseren Handlungen in Einklang zu bringen. Wir ändern unsere Fragestellung von »Was will ich haben?« zu »Wie will ich leben, was will ich tun?«. Statt »Ich will einen 20-Meter-Pool, englischen Rasen, so fein, dass der Nachbar vor Neid erblasst, und eine blickdichte Buchshecke« könnte es dann heißen:

- Wir möchten Wasser im Garten zum Abkühlen im Sommer und nach der Sauna, für Emma zum Planschen und für die Mama zum Schwimmen nach dem Joggen. Blumen wären auch schön. Zu bedenken ist dabei, dass Moritz eine Chlor-Allergie hat und wir im Sommer drei Wochen auf dem Land bei Oma sind, in der Zeit einen Pool also nicht warten können.
- Wir möchten ein bisschen Grün zum Ballspielen und irgendwas zum In-der-Sonne-Liegen.
- Wir wollen unsere Wochenenden nicht mit einer Art von Gartenpflege verbringen, wie sie unser »Wunschobjekt« aus dem Lifestylemagazin erfordert.
- Wir wollen so wenig Gießwasser wie möglich brauchen, gerade mal für die drei Tomatenpflanzen und den Ballspielrasen. Wir wollen das Wasser dafür nicht bezahlen, ebenso wenig wie die Abwassergebühr.
- Frau Müllerhuber soll uns nicht in die Suppe schauen können.

Aus diesem Bedürfniskatalog ergeben sich wie aus einer Überraschungspackung, deren Inhalt man im Vorhinein nicht kennt:

- ein Schwimmteich, der in einen Wasserspeicherteich mit Sickermulde übergeht, statt eines Pools,
- ein Wildblumensaum statt eines arbeitsaufwendigen Staudenbeetes,
- ein Kräuterrasen statt eines englischen Rasens zum Spielen, ist ohnehin robuster,
- eine gemischte, heimische Hecke als Sichtschutz statt des Buchsbaums.

Neu zu denken bedeutet, dass man nicht immer bekommt, was auf der Liste für das Christkind steht, aber das bekommt, was besser zu den eigenen Bedürfnissen, zum eigenen Lebensstil und zur eigenen Geldbörse passt.

Neu zu denken bedeutet auch, mehr Einsicht in die Auswirkungen der eigenen Handlungen zu bekommen und mehr Sensibilität für die negativen Folgen zu entwickeln, die andere Menschen oder die Umwelt für die Umsetzung unserer oft gar nicht wichtigen, gedankenlos geäußerten Wünsche tragen müssen.

Ein wenig Nachdenken und Recherchieren lassen uns die Konsequenzen unserer Handlungen erkennen und vielleicht unsere Prioritäten neu definieren. Das heißt nicht Verzicht in der Bedeutung von »jetzt hab' ich gar nichts mehr«, sondern einfach kreatives Umdenken.

Für Kinder bietet ein Schwimmteich im Garten sowohl Sport und Abkühlung als auch direkten Biologieunterricht

Wir lernen dabei auch, dass es sehr befriedigend sein kann, sich nicht sofort jeden Wunsch ohne Rücksicht auf Verluste zu erfüllen. Das Warten auf die Lusterfüllung beinhaltet den Bonus der Vorfreude, des Gustierens, Abwägens verschiedener Varianten und oft auch einfach die Erkenntnis, auch ohne das momentane Objekt der Begierde wunderbar zu leben. Immerhin bedeutet jeder zusätzliche Gegenstand, der uns gehört, für den wir die Verantwortung übernommen haben, auch zusätzliche Arbeit, ihn zu pflegen, zu erhalten und vielleicht auch noch Kreditzinsen für ihn zu zahlen. Und so ganz nebenbei, unauffällig, entwickelt sich unsere Weltsicht von einer Philosophie des Habens zu einer Philosophie des Seins. Ziemlich spannend.

Nachhaltige Regenwassernutzung ist ein Teil des Ganzen. Natürlich gibt es Denkansätze, einfach eine möglichst große Zisterne im Garten zu vergraben und mit dem gesammelten Wasser einen konventionellen Garten intensiv zu bewässern. Das ist aber ebenso sinnvoll, wie für teures Geld eine neue Garage für eine Geländelimousine zu bauen, die eine Zweipersonenfamilie weder braucht noch sich leisten kann.

Effizienter ist es, den Garten von vornherein so zu gestalten, dass ein Minimum an Gießwasser und Arbeitsaufwand – man bedenke allein die Zeitersparnis – nötig ist, und den Rest des Wassers versickern zu lassen.

Handwerkszeug für den Garten der Zukunft

Was brauchen wir für einen zukunftsfähigen Garten mit einem durchdachten Wasserkonzept? Wir benötigen: eine Analyse des Istzustandes und eine Analyse unserer Bedürfnisse, Kommunikation aller Beteiligten, Respekt, Zeit, Ressourcen und Information.

Eine Analyse des Istzustandes

Wir nehmen den bestehenden Garten genau unter die Lupe in Hinblick auf den vorhandenen Boden, Lage des Gartens, Bepflanzung und versiegelte Flächen.

Schließlich soll die neue Gartengestaltung, falls sinnvoll, Vorhandenes möglichst gut nutzen.

Eine Analyse der Bedürfnisse

Meist ist ein älterer Garten, besonders wenn er zum Beispiel von den Eltern übernommen wurde, nicht für die aktuellen Benutzer geplant, sondern langsam gewachsen. Das kann sehr schön sein, harmonisch und mit Charme, das kann aber auch wie ein unpraktisches Flickwerk wirken. Meist ist man selbst schon zu betriebsblind, um unpraktische, wenig schöne oder in der Erhaltung zu aufwendige Dinge überhaupt zu sehen. Vielleicht war der Garten auch perfekt auf die Bedürfnisse der Eltern zugeschnitten, die junge Familie, die ihn jetzt bewohnt, bräuchte aber ganz andere Elemente.

Alle Familienmitglieder, auch die Kinder, müssen die Chance haben, ihre Bedürfnisse und Vorstellungen, aber auch ihre Ängste ehrlich in die Diskussion einzubringen. Der Garten soll für alle ein Quell der Freude sein.

Kommunikation

Damit der Garten ein wirklicher Gewinn für die ganze Familie wird, müssen alle Bedürfnisse ernst genommen, gegeneinander abgewogen und faire Lösungen gefunden werden. Lässt man sich auf diesen Prozess ein, ist er eine Bereicherung für das Familienleben und für das Verständnis der Mitglieder untereinander.

Natürlich birgt dieser Punkt eine Menge Sprengstoff, unter den Teppich gekehrte Konflikte können aufbrechen, aber das ist gut so, sie gehören ohnehin gelöst. Ein klassisches Konfliktpotential bietet das Ausmaß an zu erwartender Arbeit und – vor allem – an wem diese hängen bleibt. Schön, wenn sich alle ein buntes Staudenbeet und einen gepflegten englischen Rasen wünschen, aber natürlich weder der schwer arbeitende Vater noch die mit Schulpflichten überlasteten Teenager Zeit dafür haben. »Das kann die Mama doch nebenbei machen«, ist sicher eine Lösung. Allerdings eine, die den Keim zum Familienkrieg in sich trägt.

Respekt

Respekt – nicht nur für gewachsene Strukturen und die Energie und Liebe, die vorangegangene Generationen in den Garten investiert haben, sondern auch für die Bedürfnisse und Ideen aller Beteiligten. Hier mit Macht oder subtiler Überredung die Bedürfnisse Einzelner zu übergehen oder ins Lächerliche zu ziehen, wird sich längerfristig als Zeitbombe entpuppen. (Das tut ein solches Verhalten immer, nicht nur in Bezug auf den Garten. Niemand verdrängt es auf Dauer, wenn er missachtet wird.) Deshalb halte ich hier ein Plädoyer für einen respektvollen Umgang auf Augenhöhe zwischen allen Beteiligten.

Auch Teilzeitbetreuerinnen und -betreuer des Gartens sollten wir mitdenken. Auch wenn wir als kräftige Jungfamilie eine aufwendige Gartenpflege gut schaffen, können wir selbiges nicht unbedingt von Oma und Opa erwarten, wenn wir uns in den Sommerferien für vier Wochen in den Urlaub verabschieden.

Zeit

Schon die Planung braucht Zeit, besonders wenn die Bedürfnisse einer ganzen Familie berücksichtigt werden wollen. Für den Prozess einer Gartenumgestaltung oder Gartenneugestaltung sollten wir uns mindestens einige Monate, vielleicht über den Winter, Zeit nehmen. Vielleicht auch ein ganzes Jahr, so können wir den Garten mit all seinen saisonalen Veränderungen beobachten. Vielleicht stellen wir dann fest, dass ein Strauch, dem schon die Kettensäge drohte, eine so schöne Herbstfärbung zeigt, dass er doch bleiben darf. Und noch ein Gedanke zur Kettensäge: Ein Baum ist schnell gefällt, ein neuer braucht Jahrzehnte, bis er die tyischen Baumfunktionen erfüllt.

Auch die Umsetzung der Planungsideen – der Bau, die Pflanzungen – braucht Zeit, besonders wenn wir auf Qualität und Liebe zum Detail Wert legen und so manches selbst machen wollen.

Und dann braucht noch die Entwicklung des Gartens Zeit: Ein guter Garten reift mit dem Alter. Flott und strahlend, aber einfach zu durchschauen in der Jugend, mit den Jahren abgerundet, harmonisch, unnötiger Ballast wurde abgeworfen, das Wesentliche, die Essenz hat sich durchgesetzt.

Ein Wohnzimmer, einmal eingerichtet, kann mit guter Pflege Jahrzehnte gleich bleiben. Dieses Statische ist im Garten unmöglich und auch nicht erwüscht. Pflanzen brauchen oft Jahre, um optimale Größe und optimales Aussehen zu erreichen, ebenso wie Baumaterialien diese Zeit brauchen, um Patina und Flair auszustrahlen. Einige Pflanzen setzen sich durch, andere geben auf, der Garten ist in Veränderung. Das ist spannend mitzuerleben, stellt uns aber auch vor die Aufgabe, gut zu beobachten, manchmal Geduld zu üben, manchmal liebevoll einzugreifen.

Manchmal braucht es die Expertise einer Fachperson, damit der Garten sowohl jung als auch alt schön aussieht. Als Beispiel dient die Gestaltung eines Staudenbeetes: Die zu Beginn gut sichtbaren, dicht gesetzten Bodendecker werden mit der Zeit teilweise von Leit- und Begleitstauden überwachsen. Ohne Bodendecker wäre aber in den ersten Jahren der Boden kahl und ein Einfallstor für unerwünschte Beikräuter, vulgo »Unkraut«.

Es ist wichtig, sich vor Beginn der Umgestaltung bewusst dafür zu entscheiden, Zeit für den Garten aufzuwenden und auch dafür, welche anderen Tätigkeiten dafür reduziert werden sollen. Fernsehen vielleicht?

Ressourcen

Es gilt in Europa fast als Fauxpas, Geld zu erwähnen. »Geld hat man, man spricht nicht darüber«, ist ein gängiger Ausdruck. Hat man keines, spricht man erst recht nicht darüber.

»Nichts im Leben ist gratis«, ist ein Ausspruch, dem ich schon mehr abgewinnen kann, denn jede Handlung kostet Energie. Energie in Form von Gehirnarbeit oder Muskelarbeit oder Energie in Form von Geld.

Bevor man die konkrete Gartenplanung in Angriff nimmt, wird also überlegt, wie viel Geld für die Umsetzung zur Verfügung steht, beziehungsweise wie viel wir bereit sind, dafür in die Hand zu nehmen.

Manche Wünsche lösen sich nach einer ehrlichen Inventur der Geldbörse von selbst in Luft auf, andere – besonders hartnäckige – lassen sich mit etwas Kreativität oft doch noch verwirklichen: Wir ersetzen einfach das Wort »Geld« durch den viel weiter reichenden Begriff »Ressourcen«.

Wir investieren Muskelarbeit statt Geld und buddeln die Sickermulde selbst oder gehen einen Tauschhandel mit Freunden und Nachbarn ein. Englischnachhilfe, Babysitten oder Wandstreichen gegen Teichgraben, Omas Johannisbeerableger gegen die Rohrkolbenpflänzchen aus Nachbars Schwimmteich. Jedes Mitglied der Familie kann seinen Teil beitragen, dabei Spaß haben und neue Kontakte knüpfen.

Wie auch immer, was auch immer Ihnen einfällt: Wesentlich ist, offen für neue Ideen zu sein, die eigenen Ressourcen zu kennen und sie fantasievoll zu gebrauchen.

Steine und Baumstämme passen als Beeteinfassung gut zusammen.
Das Holz darf mit den Jahren verrotten und bietet Lebensraum für Käfer.

Information

Sehr wichtig ist es auch, sich vorab gründlich zu informieren – egal, ob Sie Ihren Garten von Grund auf neu gestalten oder nur einen Teil verändern möchten. Weil dieses Buch den Schwerpunkt »Regenwasser« hat, bleiben manche Fragen zur allgemeinen Gartengestaltung wahrscheinlich offen. Literaturhinweise und Tipps für passende Internetseiten finden Sie ab Seite 170.

In Kürze: Denken

Der Begriff »Sparen« gewinnt mit der zunehmenden Komplexität unseres Lebens immer mehr an Bedeutung. Die Spezies Mensch hat sich in rund acht Millionen Jahren zu dem entwickelt, was wir heute sind, unter anderem durch Anpassungsfähigkeit, einen starken Überlebenswillen, Glück, die Fähigkeit zur Lösung komplexer Probleme und die Fähigkeiten zur Kommunikation und Zusammenarbeit. All diese Eigenschaften brauchen wir im Moment, in Zeiten der multiplen Krisen, in erhöhtem Ausmaß.

Am Anfang der Erfolgsgeschichte der menschlichen Zivilisation stand der Anbau von Essbarem, der Garten. So beziehen wir auch den Garten in das neue Denken ein, dies bedeutet:

- *Hinterfragen der eigenen Vorstellungen und Motivationen. Der Garten soll kein Prestigeobjekt sein.*
- *Unterscheidung zwischen durch Werbung hervorgerufenen Wünschen und echten Bedürfnissen, wie Ruhe, Raum für Kommunikation, Naturkontakt …,*
- *unsere Werte und unsere Handlungen in Einklang zu bringen: Wenn wir gegen die Ausbeutung des globalen Südens sind, dürfen wir auch die Produkte dieser Ausbeutung nicht konsumieren. Wir sind uns bewusst, dass jede unserer Handlungen Konsequenzen hat und es in unseren Händen liegt, wie diese aussehen.*
- *Wir ändern unsere Fragestellung von »Was will ich haben?« zu »Wie will ich leben, was will ich tun?«.*

Das Handwerkszeug für das neue Denken sieht so aus:

- *Analyse des Istzustandes des vorhandenen Gartens.*
- *Analyse der wirklichen Bedürfnisse der gesamten Familie.*
- *Kommunikation zwischen allen Familienmitgliedern und Betroffenen. Das schließt selbstverständlich auch Kinder und den Garten betreuende Personen mit ein.*
- *Respektieren der Ansichten und Bedürfnisse aller.*
- *Zeit für den Planungsprozess, auch Zeit für das Wachsen, denn diese brauchen Pflanzen und Pflanzenensembles nun mal, bis sie sich zu voller Pracht entwickelt haben.*
- *Ressourcen: Wir lassen uns von den monetaren Kosten einer Gartenumgestaltung nicht gleich abschrecken, sondern entwickeln Fantasie, um das Ziel vielleicht auf anderen Wegen wie nachbarlicher Zusammenarbeit zu erreichen. Wir prüfen immer, ob das Projekt den Einsatz von Zeit und Geld wert ist oder ob wir die Zeit nicht lieber in der Hängematte verbringen wollen.*
- *Information: Damit wir auch wissen, wie wir das »Was« konkret umsetzen, holen wir uns wertvolle Informationen – nicht nur aus diesem Buch.*

In die Praxis

Die bisherigen Kapitel haben Gründe für die Schutzwürdigkeit von Regenwasser erläutert und Planungsgrundlagen für ein angepasstes Regenwassermanagement im Garten erklärt. Nach so viel Grundinformation darf jetzt endlich, muss jetzt endlich die Anleitung zur praktischen Umsetzung folgen. Allein, ohne diese vorangegangenen Informationen bliebe die Ausrichtung dieses Buches auf eine naturnahe, naturfreundliche Regenwassernutzung ohne verständlichen Rahmen.

Wir wissen nun, warum wir versickern, sammeln oder sparen sollen und was wir dafür brauchen. Jetzt fehlt uns nur noch der Schlüssel dazu, das Wie – wie wir herausfinden, welche dieser Möglichkeiten für unseren Garten die beste ist. Und welche Möglichkeiten es im Einzelnen gibt.

Wir sind uns des Wertes des Regenwassers bewusst, was tun wir also mit ihm? Zwei sinnvolle Wege eröffnen sich uns: das Wasser einerseits zu nutzen und andererseits zu verschenken, es also dem natürlichen Kreislauf der Grundwasserneubildung über die Versickerung zuzuführen.

Darüber hinaus können wir unseren Garten so bepflanzen und pflegen, dass wir zum Beispiel möglichst wenig Gießwasser benötigen oder auch bei sehr feuchten Verhältnissen ein angenehmes Umfeld schaffen, das heißt also standortgerecht pflanzen und den Boden angepasst pflegen.

Bevor wir uns allerdings den einzelnen Möglichkeiten genauer widmen, gilt es vor Baubeginn einige Fragen zu klären.

Vor Baubeginn klären

Neben den Aspekten der ökologischen Sinnhaftigkeit und Schönheit der verschiedenen Anlagen zur Nutzung und Versickerung von Regenwasser gibt es noch einen kleinen ökonomischen Anreiz zum Bau: In den meisten Kommunen wird die Errichtung solcher Anlagen mindestens mit einer Ersparnis bei der Abwassergebühr belohnt. Erkundigen Sie sich hierzu bei Ihrer Kommune.

Wir sprechen im Folgenden nur von Privatgärten und ähnlichen kleineren Anlagen. Größeres wie öffentliche Parkplätze und Anlagen mit komplizierten Verhältnissen wie starker Hanglage oder besonders undurchlässigen Böden müssen

Bilder links: Egal, ob Gründach auf der Garage (oben) oder regendurchlässiger Plattenbelag (unten) – beide Gestaltungen nehmen Rücksicht auf die Umwelt und erfüllen die Bedürfnisse der Gartennutzer

von einer Fachfirma, eventuell unter Zuhilfenahme von Computerprogrammen, berechnet werden. Es ist dann nach ÖNORM B 2506 oder nach ATV DVKW Regelblatt A 138 (Deutsche Vereinigung für Wasserwirtschaft, Abwasser und Abfall e. V.) vorzugehen.

Normen, Verordnungen und Gesetze ändern sich gelegentlich. Sie sollten sich also vor Inangriffnahme eines Bauvorhabens nach dem jeweils aktuellen Stand erkundigen. In Österreich macht man das beim Austrian Standards Institute (ASI) (vormals Österreichisches Normungsinstitut), in Deutschland beim Deutschen Institut für Normung e. V. (DIN) und in der Schweiz bei der Schweizerischen Normen-Vereinigung (SNV).

Folgende Fragen müssen wir vor Baubeginn – insbesondere beim Bau eines Versickerungselementes, eines Teiches oder Schwimmteiches – klären:

- Liegt der Grundwasserspiegel mindestens 1,5 Meter unter der Sohle der geplanten Versickerungsanlage (siehe auch Illustration Seite 113)?

  In manchen Gegenden liegt der Grundwasserspiegel sehr nahe an der Oberfläche, wodurch das Sickerwasser keine ausreichende Reinigung erfährt und eventuell das Grundwasser kontaminieren könnte. Sicherheitshalber sollte man in diesem Fall die Meinung der zuständigen Wasserrechtsbehörde einholen. Als Richtwert zum Bau einer solchen Anlage hat sich in der Praxis ein Mindest-Soll-Abstand vom Grund des Versickerungselementes zum Grundwasser von 1,5 Meter bewährt. Die Höhe des örtlichen Grundwasserspiegels können Sie zum Beispiel bei Ihrer Kommune erfahren, teilweise auch online.

- Ist das Zuleitungswasser verunreinigt, weil es zum Beispiel von einer Straße kommt?

  Gemeint sind nicht chemische Verunreinigungen, wie sie im Abwasser mancher Industriebetriebe auftreten können, das würde die Fähigkeiten einer Sickeranlage übersteigen. Gemeint sind Feinstaub, Gummiabrieb und Benzinreste.

  Ist das Wasser solcherart verschmutzt, sollte der Abstand zum Grundwasser möglichst mehr als 1,5 Meter betragen. Auf jeden Fall planen wir die Sickerstrecke so, dass sie stark bepflanzt ist, weil Bepflanzung die Sickergeschwindigkeit herabsetzt und Dreck zwischen Pflanzenstängeln und Wurzeln besser hängen bleibt. Manches, wie bestimmte Schwermetalle, können Pflanzen auch aufnehmen.

- Wird der Nachbarkeller bei Starkregen möglicherweise von unserer Versickerungsanlage geflutet?

  Zur Erinnerung: Sowohl die Häufigkeit als auch die Niederschlagsmenge von Starkregenereignissen dürfte im Zuge der Erderhitzung zunehmen. Hier braucht es in jedem Fall einen Überlauf der Sickermulde in den Kanal oder zu einer ausreichend großen Sickerfläche, die uns auch tatsächlich zur Verfügung steht, das heißt nicht auf Fremdgrund liegt (siehe Seiten 34, 113 und Illustration Seite 64).

Besonders bei Teichen und Schwimmteichen muss auf die örtlich geltenden Gesetze und Rahmenbedingungen geachtet werden

➤ Halten wir alle rechtlichen Vorgaben ein?

Dazu müssen wir sie kennen, und das verlangt nach genaueren Informationen zu diesem Thema im folgenden Abschnitt.

Rechtliche Vorgaben

Das Wasserrecht ist ein Teilgebiet des öffentlichen Rechts mit der Aufgabe, das Wasser in seinem natürlichen Kreislauf und in allen seinen Erscheinungsformen – Fließgewässer, stehende Gewässer, Grundwasser, Schnee, Eis, Dampf – vor nachteiligen Eingriffen zu schützen. Weiterhin regelt es die Erhaltung einwandfreier Wasserreserven, die Sanierung verunreinigter Gewässer, aber auch den Schutz von Mensch und Eigentum vor Wassergefahren.

Die rechtlichen Bestimmungen sind in den verschiedenen Staaten, Bundesländern und oft auch Kommunen unterschiedlich. Es würde den Rahmen dieses Buches sprengen, sie für ganz Deutschland, Österreich und die Schweiz zu nennen. In Zeiten der Vernetzung findet man die meisten Rechtsvorschriften auch im Internet. Auch eine freundliche Anfrage bei der Kommune bringt meist einfache, gute Ergebnisse.

Deutschland

In Deutschland ist die Kompetenz zur Gesetzgebung für das Wasserrecht zwischen Bund und Ländern aufgeteilt.

Es gilt das Wasserhaushaltsgesetz vom 31. Juli 2009 (BGBl. I Seite 2585), das zuletzt durch Artikel 1 des Gesetzes vom 19. Juni 2020 (BGBl. I Seite 1408) geändert worden ist. Die einzelnen Länder passen in der Folge ihre jeweiligen Landeswassergesetze an das jeweils neue Gesetz an. Die Regelungen des Bundes und der Länder müssen dabei bestimmten EU-Richtlinien, zum Beispiel der Wasserrahmenrichtlinie, folgen.

Immer mehr Kommunen erkennen die Vorteile von Entsiegelung und dezentraler Versickerung und fördern diese Maßnahmen teilweise auch durch geringere Abwassergebühren, durch eine Befreiung von der Abgabe für Regenwasser oder durch einen Zuschuss. Viele Systeme rechnen sich daher innerhalb kürzester Zeit. Die Vorteile für die Kommune sind vielfältig: geringere Ausgaben im Hochwasserschutz und bei der Hochwasservermeidung, geringere Kosten im Kanal- und Kläranlagenbau und -betrieb, geringere Erschließungskosten bei Neubaugebieten und Sicherung des Grundwasservorrates.

Meist sind Versickerungsanlagen auf privaten Wohngrundstücken genehmigungsfrei. Für Versickerungsanlagen auf gewerblich genutzten Grundstücken und im öffentlichen Raum ist eine Genehmigung der Unteren Wasserbehörden, also der Behörden der Landkreise und kreisfreien Städte, erforderlich. Zur Sicherheit sollte man trotzdem immer erst mal bei den Behörden nachfragen, bevor man ein Versickerungselement im eigenen Garten baut.

Österreich

In Österreich liegt die Gesetzgebungskompetenz für das Wasserrecht allein auf der Bundesebene. Wichtigste Rechtsquelle ist das Wasserrechtsgesetz 1959 in der jeweils aktuellen Fassung, in die auch die Wasserrahmenrichtlinie der EU Eingang gefunden hat.

Eine wasserrechtliche Bewilligungspflicht für Anlagen der naturnahen Oberflächenentwässerung besteht nur dann, wenn die geplante direkte Einleitung zu einer nennenswerten hydraulischen Belastung des Vorfluters führen kann oder durch die Einleitung oder Versickerung eine mehr als geringfügige Einwirkung auf das Gewässer zu erwarten ist. Dies trifft für unsere harmlosen Dachwässer nicht zu, also benötigen wir keine wasserrechtliche Bewilligung.

Sache der einzelnen Bundesländer sind aber die jeweiligen Kanalgesetze sowie die Bauordnungen – neun verschiedene Bauordnungen natürlich, denn Österreich hat neun Bundesländer.

Beispiel Niederösterreich: Es besteht in Niederösterreich keine Verpflichtung zur Einleitung von Regenwasser in den Kanal, wenn eine geeignete Versickerungsmöglichkeit gegeben ist. Und nein, Nachbars Gemüsebeet ist nicht geeignet. Allerdings ist die Ableitung oder Versickerung von Niederschlagswässern ohne bauliche Anlagen in Ortsgebieten anzeigepflichtig. Das bedeutet, dass Sie die Errichtung einer Sickeranlage der Behörde anzeigen, das heißt schriftlich mitteilen müssen. Ein formloses Schreiben mit einer einfachen Handskizze, beides in zweifacher Ausfertigung, die die Größe der Anlage und ihre Lage am Grundstück zeigt, reicht im Privatgarten aus. Gibt es binnen acht Wochen keinen Einspruch von Seiten der Behörde, gilt das Projekt als bewilligt. Danach können Sie eine Änderungsanzeige beim Kanalbetreiber machen (laut Niederösterreichisches Kanalgesetz, § 13), womit dann keine Abwassergebühren für das Regenwasser mehr zu entrichten sind.

In Niederösterreich sind die Herstellung von Schwimmteichen, Naturpools und Gartenteichen mit natürlicher Randgestaltung ohne Veränderung des umliegenden Geländes mit einer Wasserfläche von nicht mehr als 200 m^2 sowie die Auf- oder Herstellung von sonstigen Wasserbecken und -behältern mit einem Fassungsvermögen von nicht mehr als 50 Kubikmetern anzeige- und bewilligungsfrei. Dies findet man in § 17 der Niederösterreichischen Bauordnung über »Bewilligungs- und anzeigefreie Vorhaben«.

Schweiz

In der Schweiz gilt das Bundesgesetz über den Gewässerschutz vom 24. Januar 1991 (Stand am 1. Februar 2023). Informationen hierzu findet man über das Eidgenössische Departement für Umwelt, Verkehr, Energie und Kommunikation UVEK und dort beim Bundesamt für Umwelt BAFU, Adresse siehe Seite 172.

Die Bewilligungspflicht ist von Kanton zu Kanton unterschiedlich geregelt. In der Regel gelten unterirdische und oberirdische Versickerungsanlagen sowie sämtliche Versickerungen mit technischen Behandlungsmaßnahmen als bauliche Anlagen und sind bewilligungspflichtig.

Regenwasser nutzen

Es gibt viele schöne Möglichkeiten, Regenwasser zu nutzen: als Gießwasser für den Garten, als Brauchwasser für die Toilette und die Waschmaschine, zum Autowaschen, zur Befüllung von Teichen und Schwimmteichen, um nur einige zu nennen. Weil dies ein Gartenbuch ist, finden wir im Folgenden keine Beschreibung von Hauswasserwerken und Wasseraufbereitung für die Regenwassernutzung im Haus. Sehr wohl beschäftigen wir uns aber mit Nutzungsmöglichkeiten für Gartenzwecke – Gießen, Baden, Seerosenzüchten ...

Weil ich sie seit dreißig Jahren plane und baue und sie als Freiluftkino, Wellnessinsel und Naturbad liebe, beschreibe ich als Erstes Teiche und Schwimmteiche.

Auch Wassertanks und Zisternen dienen dem Sammeln und Speichern von Regenwasser. Auf sie werde ich ab Seite 86 näher eingehen.

Teiche und Schwimmteiche

Auch im Bereich »Regenwasser nutzen« liegt der Schwerpunkt auf möglichst naturnahen Lösungen, den multifunktionalen, naturnahen Teichen und Schwimmteichen.

Teiche und Schwimmteiche sind zwar meistens – entgegen der Idee der naturnahen Gartengestaltung – mit einem nicht nachwachsenden Rohstoff, einer Teichfolie, abgedichtet, diese hat aber eine sehr lange Lebensdauer – bei richtiger Wahl

und optimalem Einbau 30 Jahre und mehr. Der älteste meiner Schwimmteiche ist bereits 34 Jahre alt. Diese Folie ist ein Kompromiss: Denn mit dem einmaligen Einsatz einer unnatürlichen Folie wird für lange Jahre ein zusätzlicher Lebensraum im Garten für zahlreiche Arten geschaffen.

Für unsere Regenwassernutzung ist ein Teich äußerst spannend, denn wenn wir ihn nicht bis zur Foliengrenze vollfüllen, gewinnen wir Sammelraum für Regenwasser. Eine einfache Rechenaufgabe:

Unser Teich hat eine Oberfläche von 100 m², der Normalwasserspiegel liegt etwa 30 cm unter der Folienkante, das sichert uns einen Stauraum von $100\,m^2 \times 0{,}3\,m = 30\,m^3$. Oder anders gerechnet: Solch ein Teich kann einen Niederschlag von 15 cm, der auf die 100 m² Teichfläche prasselt, und zusätzliche 15 cm von einem 100 m² großen Dach sammeln.

Rechnen wir in diesem Beispiel mit einem gerundeten Wert von 20 Millimeter Niederschlag während eines 15 Minuten lang andauernden Starkregens, ist klar, dass die 15 Zentimeter wohl ausreichen werden, um den Nachbarn vor einer Überschwemmung zu schützen. Dennoch, wie schon erwähnt, muss auch bei Teichanlagen vorgesorgt werden, dass ein Überschuss an Wasser auf Eigengrund versickern oder in den Kanal ablaufen kann.

Der Teich

Weil es in diesem Buch um naturnahes Regenwassermanagement geht, wird im Folgenden die Anlage solcher Teiche beschrieben, die der Natur möglichst nah nachempfunden sind und ein Minimum an nicht nachwachsenden Rohstoffen benötigen. Dieses »Abkupfern« bei Mutter Natur hat auch den Vorteil, dass sich unsere Teiche ebenso gut reinigen wie natürliche Teiche: ohne Technik, im Normalfall. Pumpen, wenn möglich solarbetrieben, werden nur für bestimmte Zwecke wie Bachläufe oder manchmal für die Bewegung von Laub, Blüten und Ähnlichem auf der Wasseroberfläche eingesetzt. Filter verwenden wir nie. Absolut nie! Warum technische Filter die natürliche Filterung konterkarieren, wird im Exkurs zur Selbstreinigungskraft des Teiches erklärt (siehe Seite 68).

Lage des Teichs im Garten

Natürlich entstandene Teiche liegen in Senken, also planen wir unseren Teich entsprechend bei Hanglage eher im Unterhang, außer es widerspricht anderen Nutzungswünschen. Wäre der Teich dann zum Beispiel zu weit weg vom Haus oder, wenn Kinder beaufsichtigt werden müssen, außerhalb der Sichtachse, muss hier ein Mittelweg gefunden werden. Das sieht nicht nur harmonischer aus, sondern ist auch sinnvoll, weil die Dachwässer dann mit dem natürlichen Gefälle in den Teich

Bild links: Ein Schwimmteich kann so gebaut werden, dass er sich harmonisch in jeden Garten einfügt

rinnen können. In der Ebene wählt man die Lage nach anderen Kriterien: Blickachse zum Haus, Zugangsmöglichkeit zum Badeteil oder eventuelle Abgrenzungen zum Schutz für Kleinkinder.

Damit Dachwässer ohne Pumpe zum Teich rinnen, reicht schon ein minimales Gefälle von 3 Prozent. Aber Achtung: Oft ist das platte Land nur für das Auge platt, tatsächlich gibt es Höhenunterschiede von vielleicht 20 oder 30 Zentimetern, die uns nicht auffallen. Gerade in solch einem Fall lohnt es sich, das Gelände höhenrichtig genau zu vermessen oder vermessen zu lassen. Oft gibt diese Vermessung dann den Ausschlag für die tatsächlich beste Lage des Teiches im Garten.

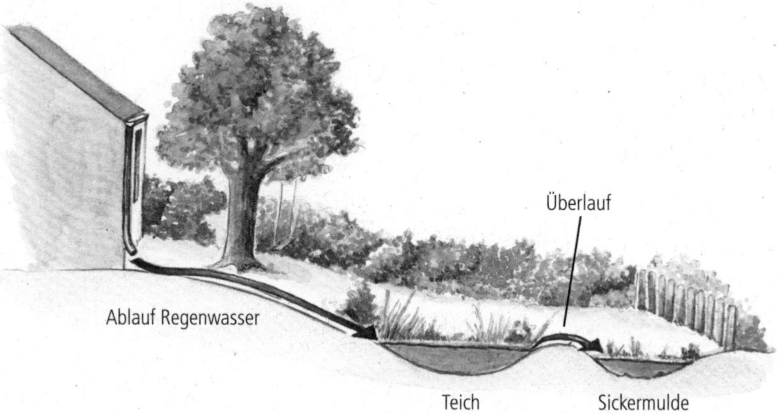

Die Lage von Teich und Sickermulde in einem Hanggarten:
Vom Dach läuft das Regenwasser über das Regenfallrohr und den oberirdischen Zulauf in den Teich und von dort über einen Überlauf in die Sickermulde

Die Bedeutung von Regenwasser für Teiche und Schwimmteiche

- Regenwasser ist eher sauer. Die Grundfüllung des Teiches teilweise mit Regenwasser vorzunehmen, gleicht das eher basen- und kalkreiche Füllwasser aus der Trinkwasserleitung aus. Wir erhalten so einen mittleren Kalkgehalt und einen neutralen pH-Wert.
- Die Wasserverdunstung über die Teichoberfläche kann gratis mit Regenwassergaben ausgeglichen werden.
- Den Wasserspiegel unter der Folienkante zu halten, schafft Speicherraum für Starkregen.
- Nicht abgedichtete Teichbereiche im Fall eines Sickerteiches (siehe Seite 124) schaffen außerdem Raum für die Versickerung.
- Und mit oder ohne Regenwasser: Ein Teich ist ein wunderbarer zusätzlicher Lebensraum im Garten für Tiere und Pflanzen und eine Freude für uns Menschen.

Abdichtung des Teichs

Zur Abdichtung des Teiches bieten sich insbesondere zwei Möglichkeiten an: die Abdichtung mit Lehm oder die Abdichtung mit Folie.

Sollte der vorhandene Untergrund aus lehmigem, dichtem Material bestehen, kann man den Teich mit diesem **Lehm** abdichten. Man hebt die Grube nach Plan aus, wässert und verdichtet den Lehm mit der Rüttelplatte. Das ist am nachhaltigsten.

Die Zulieferung von besonders quellfähigen Tonmineralien wie Bentonit mit dem Lkw, wenn der natürliche Untergrund nicht aus Lehm besteht, ist nicht nachhaltig. Bentonit findet man nur in Gebieten mit ehemaliger vulkanischer Tätigkeit, in Deutschland zum Beispiel in Bayern. Für einen 100 Quadratmeter großen Teich benötigt man mindestens 20 Kubikmeter, das entspricht etwa 35 Tonnen Gewicht. Die Rechnung, wie viel Kohlendioxid beim Transport von 35 Tonnen Bentonit von Niederbayern nach Hamburg in die Luft geblasen wird, erspare ich uns.

Grundsätzlich funktioniert auch die Abdichtung mit dem anstehenden Lehm, sie hat aber einige Nachteile:

- Lehm ist selten hundertprozentig dicht.
- Auch Pflanzenwurzeln können die Schicht durchstoßen und dann, absterbend, Löcher hinterlassen.
- Durch die Verdunstung sinkt der Wasserspiegel, der Lehm oberhalb trocknet aus und bekommt Risse. Bei Wasseranstieg rinnt das Wasser durch diese Risse wieder ab, bei Verdunstung sinkt der Spiegel weiter, neue Risse entstehen ...
- Das Teichwasser in mit Lehm abgedichteten Teichen ist oft etwas trüb.

Lehmabdichtungen empfehle ich deshalb nur, wenn eine stetige Wasserzufuhr, zum Beispiel aus einer Quelle, gewährleistet ist, und der Wasserspiegel dadurch konstant gehalten werden kann. Oder wenn der Teich von vornherein als Sickerteich konzipiert ist (siehe ab Seite 124) oder die Teichbesitzer mit Veränderungen gut leben können. Ein Lehmteich mit Regenwasserspeisung ist in regenreichen Jahren bis zum Rand voll, in trockeneren Jahren manchmal halb leer, man nimmt Risse im Lehm wahr, Teichpflanzen können kurzfristig etwas kümmern, sie erholen sich wieder, das Wasser ist mal trüber, mal klarer ... Veränderung eben. Sehr naturnah, nachhaltig und für die Beobachter durchaus spannend.

Egal, wie sie heißen mögen und wie ihre chemische Zusammensetzung genau aussieht, **Teichfolien** sind stets Produkte aus Erdöl und somit aus einem nicht nachwachsenden Rohstoff. Dies trifft auch auf Folien aus synthetischem Kautschuk zu, selbst wenn ich diese als das geringere Übel betrachte. Im Gegensatz zu den klassischen Plastiktüten und ähnlichen Verpackungsgebinden sind Teichfolien allerdings Jahrzehnte lang haltbar. Ich empfehle Folie aus synthetischem Kautschuk, sie hat gegenüber anderen Werkstoffen zwei große Vorteile:

- Die Folie ist immer weich, unabhängig von der Temperatur, und lässt sich deshalb gut in die Teichgrube einpassen. Sie verfügt über ein hohes Ausmaß an Dehnfähigkeit, bis zu 400 Prozent.
- Für die Zeit nach dem Leben als Teichfolie existiert eine funktionierende Recyclingschiene für eine Reinkarnation als Reifenfüllung oder Bodenbelag.

Natürlich werden bei synthetischem Kautschuk mangels Chlor, wie es in PVC enthalten ist, auch keine Chlorgase frei, oder ... aber das Thema »Vorteile und Nachteile verschiedener Teichfolien« gehört in ein eigenes Teichbuch.

Die Folie dient also der Abdichtung. Sie sollte mindestens 1 Millimeter dick, bei steinigem Untergrund oder wenn sich Bauschutt im Boden befindet, sollte sie sogar 1,5 Millimeter dick sein. Als Schutz vor spitzen Materialien im Untergrund verlegen wir unter der Folie ein Bau-Vlies mit einer Stärke von mindestens 300 g / m² oder bauen eine 5 Zentimeter dicke Sandschicht ein. Jedenfalls wird nach Aushub der Teichgrube die Erde gut abgerecht, um spitze Steine, Scherben, Nägel, Reste von Armierungseisen und Ähnliches zu entfernen.

Randbefestigung des Teichs

Wollen wir einen Sickerteich bauen, lassen wir die Folie einfach in den Hang hineinlaufen, wie in der Abbildung auf Seite 125 ersichtlich. Die exakte Kante der Folie ist nicht so wichtig, das Wasser versickert einfach darüber.

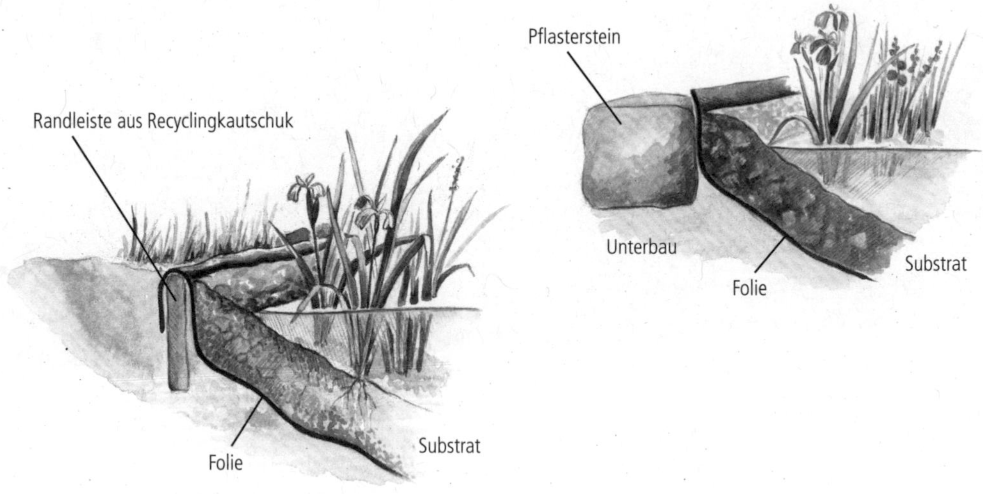

Randbefestigung des Teiches mit Kautschukleisten (links) oder mit Pflastersteinen (rechts): Die Randbefestigung verhindert, dass Wasser aus dem Teich läuft. Dabei ist zu beachten, dass sich Wasser immer waagerecht und niemals schräg verteilt!

Für einen »normalen« Teich oder Schwimmteich ist ein in der Waage befindlicher Rand nötig, denn Wasser verteilt sich nun mal exakt horizontal (siehe Seite 115 zur Herstellung eines in der Waage befindlichen Randes). In diesem Fall empfehlen sich stabile Randleisten aus Recycling-Kautschuk, Metall oder Stein. Dadurch verhindern wir, dass Wasser an einer ungeeigneten Stelle übertritt. Nur an der Stelle, wo Wasser nach Regenfällen übertreten darf, wir der Rand ein paar Zentimeter abgesenkt.

Teichsubstrat

Die meisten Pflanzen, manche Schwimmblattpflanzen ausgenommen, mögen es, wenn wir ihnen einen festen Untergrund zum Wurzeln und Aufnehmen von Nährstoffen bieten. Reiner Kies oder Sand ist fast nährstofffrei, normale Gartenerde dagegen der reinste Dünger, leider auch für Algen. Wir wählen also ein lehmig sandiges Substrat und gönnen nur den Starkzehrern wie der Seerose ein Schäufelchen Kompost in der Pflanzgrube. Aber immer schön mit Lehm und Kies abdecken, damit sich die im Kompost reichlich enthaltenen Nährstoffe nicht im Wasser lösen können, sondern direkt den Wurzeln zur Verfügung stehen. Die Substratstärke sollte etwa 10 Zentimeter betragen, aus praktischen Gründen nicht weniger, weil dies die Höhe der Wurzelballen aus den meisten Pflanzcontainern ist. Wem es gefällt, der kann die gesamte lehmige Substratfläche mit Rundkies abdecken oder auch nur die Prallzonen, das sind die Uferbereiche, an die bewegtes Wasser prallt. Bitte keinen Kalkkies nehmen, der sich lösende Kalk füttert Algen.

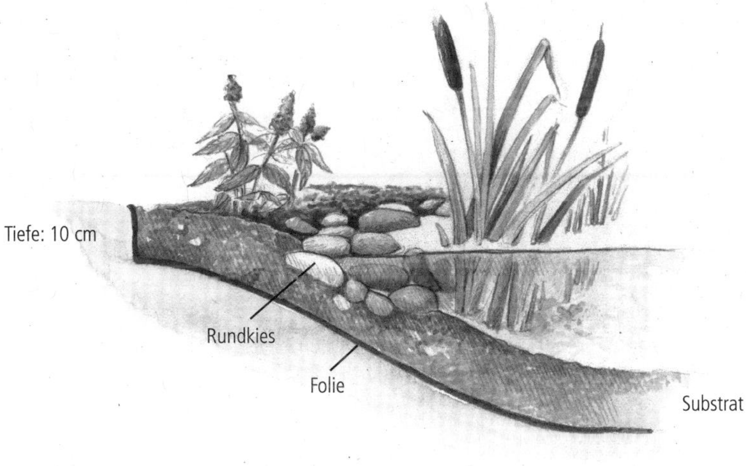

Uferbereiche, an die bewegtes Wasser prallt – wenn wir zum Beispiel ins Wasser springen –, werden mit Schotter vor Abschwemmung geschützt

Zur Selbstreinigungskraft des Teiches

Ein kleiner Einblick in die Komplexität der Teichnatur: Teiche sind Teil der Natur und funktionieren in einem guten Zusammenspiel, egal, auf welchem Energieniveau – solange sich der Mensch nicht einmischt. Egal, ob in saurem oder kalkhaltigem Wasser, artenarm oder artenreich, das Kreislaufsystem aus Produktion, Konsum, Fressen und Gefressenwerden funktioniert: Die Sonne dient als Energiespender, die Mineralien aus dem Boden und aus zersetzten Pflanzen und Tieren dienen als Baustoffe und die grünen Pflanzen als Fabriken zur Erzeugung aller Lebensbausteine.

Die Pflanzen bauen aus einfachen Elementen, vorwiegend aus Kohlenstoff und Stickstoff, Phosphat, Eisen und Schwefel, organische Verbindungen wie Eiweiße, Zucker, Aminosäuren auf. Dies können einzig und allein die grünen Pflanzen! Der grüne Pflanzenfarbstoff, das Chlorophyll, spielt dabei die zentrale Rolle. Diesen Vorgang bezeichnen wir als Fotosynthese, als Zusammenbau mit Licht.

Die grünen Pflanzen produzieren, sie heißen also Produzenten. Wenn sie Pech haben, kommen sie einem hungrigen Pflanzenfresser unter die Schnauze und werden konsumiert. Diesen Pflanzenfresser nennen wir Konsument 1. Ordnung. Auch diesen ereilt schließlich das Schicksal, von einem Fleischfresser, einem Konsumenten 2. Ordnung, vertilgt zu werden.

Doch der Tod ist der große Gleichmacher und irgendwann sterben sie alle, egal, ob im oder um den Teich. Die große Mutter Natur kennt keine Verschwendung, und so lauern schon die zersetzenden Organismen, die Destruenten, um die Leichen in mineralische Bausteine zu zerlegen, die wiederum neuen Pflanzen als Nahrung dienen, und so setzt sich der ewige Kreislauf fort.

Dies ist ein wunderbar funktionierender Kreislauf, in jedem Teich auf einem anderen Energieniveau, mit mehr oder weniger Energie oder Stoffen im System.

Spricht man über Teiche, fällt häufig mit Entsetzen in der Stimme das Wort »Algen«. Nun, Algen sind auch nur Pflanzen, und zwar die artenreichste Gruppe der Pflanzen (siehe auch Seite 10). Eingang in das allgemeine Sprachverständnis haben sie erst mit der Umweltverschmutzungskritik der 1970er-Jahre gefunden. Belastete Oberflächengewässer waren damals voll von ganz bestimmten Algen, vor allem durch den Eintrag von Phosphaten in die Gewässer. Die unzulässige Verkürzung »Algen = verschmutztes Wasser« ist hängen geblieben.

In ihren Funktionen – Nährstoffaufnahme und Sauerstoffproduktion – sind Algen vielen höheren Pflanzen weit überlegen, auch bringen sie Sauerstoff in den Teich, nur stört eben ein Übermaß an ihnen unsere optischen Ansprüche an das Teichwasser.

In einem funktionierenden System folgen auf die Algen (= Produzenten) deren Fressfeinde (= Konsumenten 1. Ordnung). Im Fall der einzelligen Algen sind das in erster Linie Filtrierer wie Wasserflöhe. Keine Angst, das sind nicht wirklich Flöhe: Der Name »Wasserfloh« bezeichnet umgangssprachlich eine Reihe von Kleinkrebsen aus verschiedenen Familien und Gattungen, die zum Zooplankton des Süßwassers gerechnet werden. Die Bezeichnung »Wasserfloh« bezieht sich auf die Fortbewegungsweise der Tiere im Wasser: Durch stoßweises Rudern mit ihren Antennen entsteht der Eindruck eines flohähnlichen Hüpfens.

Sie alle filtern – das heißt fressen – Algen und alles, was in ihr Beuteschema passt, und wandeln diese Nahrung in eigene Körpermasse um. Im großen Kreislauf werden auch sie gefressen. So folgt im Teich auf eine eher »grüne«, das heißt algenreiche Phase, eine klare Phase, wenn die Kleinkrebse die Algen dezimiert haben. Weniger Algen bedeuten weniger Futter für die Krebschen, ihre Anzahl vermindert sich, was den Algen die Chance gibt, wieder nachzuwachsen. So entsteht ein ständiges Auf und Ab zwischen Algen und Filtrierern. Je älter und »eingespielter« das System ist, desto geringer fallen die Schwankungen aus: Das Teichwasser ist fast das ganze Jahr über klar. Die filtrierenden Wasserflöhe bezeichnet man auch als »Kläranlage des Teiches«.

Logisch, dass es nicht sinnvoll ist, dem eine künstliche Kläranlage, das heißt einen technischen Filter vorzuschalten. In einem technischen Filter bleiben auch die Wasserflöhe hängen, also eliminiert man damit wirkungsvoll die natürliche Selbstreinigungskraft des Gewässers. Solange der Filter läuft, funktioniert das Ganze halbwegs – nur halbwegs deshalb, weil auch für die von uns gewünschten Pflanzen nicht genug Nährstoffe im Wasser bleiben: Die Pflanzen kümmern jämmerlich. Immerhin ist das Wasser klar, zu klar, denn blaues Wasser ist totes Wasser, da lebt nichts mehr drin. Aber wehe, der Filter funktioniert nicht mehr, vielleicht aufgrund eines Stromausfalls; Filter werden schließlich mit Pumpen betrieben, verbrauchen also auch noch Strom. Selbst wenn wir solarbetriebene Pumpen verwenden, wurde in deren Herstellung doch Energie und Materie investiert. Wenn also die künstliche Filterung ausfällt und die natürliche eliminiert wurde, folgt eine wunderbare Algenblüte, genau der Zustand, den niemand wollte.

Auch konventionelle Teichpumpen schaden Wasserflöhen und Co. Ihre Rotoren schreddern alles, was eingesaugt wird, neben Wasserflöhen auch Libellenlarven und Kaulquappen. Wenn Wasser bewegt werden soll, zum Beispiel für einen Bach, eignet sich hier eine Luftpumpe nach dem Lufthebeprinzip.

Pflanzen für den Teich

Die natürlichen Vorbilder für unsere Teichpflanzen sind die Pflanzen der Sümpfe, Teiche, Seen und Bäche. Ein entscheidendes Kriterium für das Gedeihen dieser Pflanzen ist die Berücksichtigung ihrer unterschiedlichen Feuchtigkeitsansprüche. Wir unterscheiden:

- **Sumpfpflanzen:** Boden überwiegend mit Wasser gesättigt, gegebenenfalls vorübergehend austrocknend, kurzzeitig überstaut.
- **Flachwasserpflanzen,** auch Röhricht-Pflanzen genannt: Pflanzen im seichten Wasser stehend, bis zu einer Wassertiefe von maximal einem Meter, Blätter und Blüten der Pflanzen ragen aus dem Wasser. Hier ist besonders auf die tatsächliche Wunschtiefe der jeweiligen Art zu achten, da manche eben nur 10 Zentimeter Wasserstand vertragen, andere, wie die Grüne Teichbinse, 100 Zentimeter. Im Zweifelsfall setzen wir lieber zu flach, als zu tief.
- **Schwimmblattpflanzen:** Pflanzen im freien Wasser mit auf der Oberfläche schwimmenden Blättern, frei schwimmend oder im Boden wurzelnd.
- **Unterwasserpflanzen:** Pflanzen überwiegend untergetaucht lebend, zumeist am Grund verwurzelt, Sprosse und Blätter unter Wasser, bei manchen Pflanzen Blüten und Samenstände aus dem Wasser ragend.

Wenn wir einen kurzen Blick auf die Pflanzenlisten für die verschiedenen Teichstandorte ab Seite 74 werfen, sehen wir, dass der Sumpfbereich einen deutlich größeren Artenreichtum als die anderen Standorte aufweist. Das ist schön, denn eine

breite Uferzone beschert uns einen wunderbaren Sumpfwiesenaspekt im Garten. Allerdings trägt dieser Bereich am wenigsten zur Klärung des Freiwassers bei, da im Sumpf naturgemäß die »Kläranlage des Teiches«, die Wasserflöhe, fehlen. Das spielt bei einem »Nur-Teich« keine Rolle, bei einem Schwimmteich allerdings, bei dem einerseits durch unser Badevergnügen zusätzliche Nährstoffe ins Wasser kommen und wir andererseits einen höheren Anspruch an die Klarheit des Wassers stellen, schon. Die grobe Flächenformel »Schwimmbereich:Pflanzenbereich = 1:1« sollten wir ohne Sumpfbereich rechnen.

Ach ja, und die **Stückzahl?** Wie viele Pflanzen sollten wir pro Quadratmeter setzen, damit die Nährstoffaufnahme durch die Pflanzen, die einen Teil der Reinigungsleistung darstellt, auch funktioniert? Längerfristig gesehen, reichen sicher drei Pflanzen pro Quadratmeter, schließlich vermehren sie sich. Bis sich allerdings die optimale Pflanzendichte entwickelt hat, müssen wir mit vermehrtem Auftreten von Algen rechnen. Algen sind Opportunisten, für sie ist jedes freie Plätzchen und jeder freie Nährstoff eine Einladung zum sofortigen Dinner. Als Faustformel empfehle ich fünf bis sechs Pflanzen pro Quadratmeter. Je höher die Ansprüche an die Klarheit des Wassers sind, desto dichter pflanzen wir.

Keinesfalls verzichten wir auf Unterwasserpflanzen, nur weil sie zum Beispiel nicht überall erhältlich sind. Sie nehmen Nährstoffe nicht nur über ihre Wurzelsysteme, sondern auch über ihre Unterwasserblätter auf, und atmen Sauerstoff direkt ins Wasser. An sonnigen Tagen kann man beobachten, wie die Sauerstoffbläschen von den Blättern an die Wasseroberfläche perlen.

Und die **Artenanzahl?** Funktioniert die Teichbiologie auch mit einer einzigen Pflanzenart pro Standort? Möglicherweise, auch in der Natur kommen Monokulturen vor, wenn auch selten. Ein Beispiel ist der Neusiedler See, ein flacher Steppensee im österreichisch-ungarischen Grenzland, dessen Hauptpflanzenart das Gemeine Schilf *(Phragmites communis)* ist. Allerdings sind Monokulturen nicht nur Ausnahmeerscheinungen, sondern auch – wie das Wort schon sagt – monoton für tierische Ansprüche und menschliche Augen. Wählen wir also nur wenige Arten für unseren künstlichen Teich, beinhaltet das auch das Risiko, dass wir danebengreifen, Arten wählen, die mit den Standortbedingungen nicht ganz so gut zurechtkommen und eingehen. Das war's dann! Haben wir uns dagegen für ein breites Artenspektrum – etwa 30 verschiedene Arten – entschieden, kann uns das nicht passieren. Einige Arten prosperieren, einige kommen ganz gut zurecht und manche verschwinden. Ein Erfahrungswert ist, dass sich etwa zwei Drittel der Arten auf Dauer etablieren, wenn auch in unterschiedlicher Dichte. Gräser sind generell durchsetzungskräftiger. Deshalb und in Hinblick auf den Nutzen für Insekten plane ich maximal 20 Prozent Gräser ein, eher nur 10 Prozent. Gräser sind überwiegend windbestäubt, also für Bienen und Co., die Nektar und Pollen sammeln, uninteressant.

Bild links: Die dichte Bepflanzung, besonders mit Unterwasserpflanzen, sorgt auch bei kleinen Teichen für klares Wasser

Hinweise zu den Pflanzenlisten im Buch

Die jeweils rechte Spalte der Pflanzenlisten in diesem Buch enthält zwei ökologische Kenngrößen, die uns bei der Entscheidung helfen, ob eine Pflanze für einen bestimmten Standort geeignet ist: Das ist zum einen die **Lichtzahl L** laut Ellenberg und zum anderen die **Feuchtezahl F** laut Ellenberg (siehe Seite 170 zur Publikation von Heinz Ellenberg). Lichtzahl und Feuchtezahl sind zwei der sechs ökologischen Zeigerwerte, die jeder heimischen Pflanzenart zugeordnet sind. Diese Zeigerwerte sind:

L = Lichtzahl (von 1: Tiefschattenpflanze bis 9: Volllichtpflanze)
T = Temperaturzahl (von 1: Kältezeiger bis 9: extremer Wärmezeiger)
K = Kontinentalitätszahl (von 1: euozeanisch [extremes Seeklima]
bis 9: eukontinental [extremes Kontinentalklima])
F = Feuchtezahl (von 1: Starktrockniszeiger bis 12: Unterwasserpflanze)
R = Reaktionszahl (von 1: Starksäurezeiger bis 9: Basen- und Kalkzeiger)
N = Stickstoffzahl (von 1: stickstoffärmste Standorte bis 9: übermäßig reiche Standorte)

Bei manchen Pflanzen gibt es noch die beiden Zusatzangaben:
S = Salzzahl (von »keine Angabe« [keine Salzresistenz] bis »III« [stets auf Salzböden])
B = Schwermetalltoleranz; b = resistenter Ökotyp

So wird beispielsweise der Acker-Gauchheil beschrieben: *Anagallis arvensis* 663-5x6

Die Ziffern geben die Werte in der oben aufgelisteten Reihenfolge (L bis N) an:

L = 6: zwischen Halbschatten- und Halblichtpflanze stehend; T = 6: Mäßig-Wärme- bis Wärme-Zeiger; K = 3: zwischen ozeanisch und subozeanisch, Schwerpunkt Mitteleuropa, nach Osten ausgreifend; F = 5: Frischezeiger, mittelfeuchte Böden; R = x: indifferent zu Säure oder Base; N = 6: mäßig stickstoffreich bis stickstoffreich.

Für die praktische Anwendung am interessantesten sind aber Lichtzahl und Feuchtezahl.

Lichtzahl L

1 Tiefschattenpflanze: existiert noch bei weniger als 1 Prozent der relativen Beleuchtungsstärke (das ist die Lichtstärke, die Mitte Juni bis Mitte Oktober an dem jeweiligen Ort herrscht, sie ist in Hamburg anders als in Tirol)
2 Schattenpflanze
5 Halbschattenpflanze
7 Halblichtpflanze
8 Lichtpflanze
9 Volllichtpflanze: braucht mindestens 50 Prozent der relativen Beleuchtungsstärke

Die nicht genannten Ziffern **3, 4, 6** beschreiben Eigenschaften, die jeweils dazwischenliegen.

Feuchtezahl F

1 Starktrockniszeiger: beschränkt auf häufig austrocknende Stellen
3 Trockniszeiger: auf trockenen Böden häufiger als auf frischen Böden, auf feuchten Böden gar nicht
5 Frischezeiger: beschränkt auf mittelfeuchte Böden; diese Pflanzen fehlen auf nassen sowie auf häufig austrocknenden Böden
7 Feuchtezeiger: schwerpunktmäßig auf gut durchfeuchteten, aber nicht nassen Böden
9 Nässezeiger: schwerpunktmäßig auf häufig durchnässten, luftarmen Böden
10 Wechselwasserzeiger: Wasserpflanzen, die längere Zeit ohne Wasserbedeckung gedeihen
11 Wasserpflanzen, die unter Wasser wurzeln, aber zumindest zeitweilig über dessen Oberfläche aufragen, oder Schwimmpflanzen, die an der Wasseroberfläche flottieren
12 Unterwasserpflanzen, ständig oder fast dauernd untergetaucht
x indifferent, weite Amplitude oder ungleiches Verhalten in verschiedenen Gegenden Mitteleuropas
? ungeklärtes Verhalten, über das selbst Mutmaßungen noch nicht möglich sind

Die nicht genannten Ziffern **2, 4, 6, 8** beschreiben Eigenschaften, die jeweils dazwischenliegen.

Ziffern in Klammern: Diese Arten sind im »Ellenberg« nicht aufgeführt, die Zahlen entsprechen eigenen Erfahrungswerten.

Sie fragen sich vielleicht, warum bei manch einer Pflanzenart dieselbe Art in mehreren Listen für unterschiedliche Standorte vorkommt. Das liegt daran, dass Pflanzenarten unterschiedliche Ansprüche stellen – wie wir Menschen:

Manche verbringen ihre Freizeit ausschließlich mit Chips und Bier auf der Couch vor dem Fernseher und sind glücklich damit, gedeihen also nur auf nährstoffreichem Boden mit genug Wasser und gehen ein, wenn man sie auf schmale Kost setzt. Andere wiederum sind flexibel, passen sich also den mageren Zeiten ebenso an wie den fetten. Als Pflanzen treffen wir diese Opportunisten dann in mehreren Listen an.

Zur Schreibweise der deutschen Pflanzennamen

Hinsichtlich der Schreibweise der deutschen Pflanzennamen halte ich mich an die Veröffentlichung »Exkursionsflora für Österreich, Liechtenstein, Südtirol« von Manfred A. Fischer, Karl Oswald und Wolfgang Adler, herausgegeben vom Biologiezentrum der Oberösterreichischen Landesmuseen. In anderen Publikationen kann es abweichende Schreibweisen geben.

Wirklich aussagekräftig ist nur der botanische Name, aber dennoch können sich aufgrund von Erkenntnissen aus genetischen Untersuchungen auch die botanischen Namen immer mal wieder ändern.

Heimische Sumpfpflanzen

Boden überwiegend mit Wasser gesättigt, gegebenenfalls vorübergehend austrocknend, kurzzeitig überstaut.

Wissenschaftlicher Name *Deutscher Name*	*Wuchshöhe* *Blütenfarbe*	*J*	*F*	*M*	*A*	*M*	*J*	*J*	*A*	*S*	*O*	*N*	*D*	*Lichtzahl** *Feuchtezahl*
Einjährige und zweijährige Sumpfpflanzen														
Barbarea vulgaris **Echt-Barbarakraut**	30 – 90 cm goldgelb						✿	✿						L 8 F 7
Bidens tripartita **Dreiteil-Zweizahn**	15 – 150 cm gelb							✿	✿	✿	✿			L 8 F 8
Mehrjährige Stauden														
Caltha palustris **Sumpf-Dotterblume**	10 – 30 cm goldgelb			✿	✿	✿								L 7 F 8
Cirsium rivulare **Bach-Kratzdistel**	40 – 100 cm purpurrot					✿	✿							L 9 F 8
Euphorbia palustris **Sumpf-Wolfsmilch**	50 – 150 cm gelb					✿	✿							L 8 F 8
Geum rivale **Bach-Nelkenwurz**	20 – 60 cm rotbraun					✿	✿							L 6 F 8
Iris sibirica **Sibirische Schwertlilie**	30 – 80 cm violett					✿	✿							L 8 F 8
Lychnis flos-cuculi **Kuckucks-Lichtnelke**	30 – 80 cm rosa					✿	✿	✿						L 7 F 6
Lysimachia thyrsiflora **Strauß-Gilbweiderich**	30 – 70 cm gelb					✿	✿	✿						L 7 F 9
Symphytum officinale **Echt-Beinwell**	30 – 100 cm violettrosa					✿	✿	✿						L 7 F 8
Valeriana officinalis **Echter Baldrian**	30 – 60 cm blassrosa					✿	✿	✿	✿					L 7 F 8
Myosotis scorpioides (palustris) **Sumpf-Vergissmeinicht**	20 – 60 cm hellblau					✿	✿	✿	✿	✿				L 7 F 8
Ranunculus flammula **Brenn-Hahnenfuß**	15 – 50 cm hellgelb					✿	✿	✿	✿	✿				L 7 F 9
Allium carinatum **Kiel-Lauch**	30 – 60 cm lilapurpur						✿	✿						(L 7) (F 6)
Butomus umbellatus **Schwanenblume**	50 – 150 cm rosa						✿	✿	✿					L 6 F 10
Cirsium palustre **Sumpf-Kratzdistel**	50 – 150 cm lilarot						✿	✿	✿					L 7 F 8
Lysimachia nummularia **Pfennigkraut**	5 – 15 cm gelb						✿	✿	✿					L 4 F 6
Lysimachia vulgaris **Rispen-Gilbweiderich**	50 – 150 cm gelb						✿	✿	✿					L 6 F 8
Scutellaria hastifolia **Spieß-Helmkraut**	10 – 40 cm blauviolett						✿	✿	✿					L 6 F 8

*Hinweise zur ***Lichtzahl L*** (von 1: Tiefschattenpflanze bis 9: Volllichtpflanze) und zur ***Feuchtezahl F*** (von 1: Starktrockniszeiger bis 12: Unterwasserpflanze) finden Sie ab Seite 72

Wissenschaftlicher Name ***Deutscher Name***	***Wuchshöhe*** ***Blütenfarbe***	*J*	*F*	*M*	*A*	*M*	*J*	*J*	*A*	*S*	*O*	*N*	*D*	***Lichtzahl**** ***Feuchtezahl***
Thalictrum flavum **Gelbe Wiesenraute**	50 – 120 cm gelb						✿	✿	✿					L 7 F 8
Lythrum salicaria **Gewöhnlicher Blutweiderich**	50 – 160 cm kräftig purpur						✿	✿	✿	✿				L 7 F 8
Stachys palustris **Sumpf-Ziest**	30 – 100 cm purpur						✿	✿	✿	✿				L 7 F 7
Stachys sylvatica **Wald-Ziest**	60 – 100 cm purpur mit weißer Strichzeichnung						✿	✿	✿	✿				L 4 F 7
Allium angulosum **Kanten-Lauch**	30 – 60 cm hellpurpur							✿	✿					L 8 F 8
Eupatorium cannabinum **Wasserdost**	50 – 150 cm rosa							✿	✿					L 7 F 7
Galega officinalis **Geißraute**	60 – 120 cm lilaweiß, weiß							✿	✿					(L 8) (F 7)
Peucedanum palustre **Sumpf-Haarstrang**	50 – 150 cm weiß							✿	✿					L 7 F 9
Rumex palustris **Sumpf-Ampfer**	30 – 60 cm braunrot							✿	✿					(L 7) (F 8)
Teucrium scordium **Knoblauch-Gamander**	15 – 40 cm weiß							✿	✿					L 7 F 8
Veronica longifolia **Langblatt-Ehrenpreis**	40 – 120 cm blaulila							✿	✿					L 7 F 8
Achillea ptarmica **Bertram-Schafgarbe**	30 – 100 cm weiß							✿	✿	✿				L 8 F 8
Althaea officinalis **Echter Eibisch**	60 – 130 cm helllila							✿	✿	✿				(L 7) (F 7)
Angelica sylvestris **Wald-Engelwurz**	50 – 150 cm cremeweiß							✿	✿	✿				L 7 F 8
Filipendula ulmaria **Echtes Mädesüß**	50 – 150 cm weiß							✿	✿	✿				L 7 F 8
Lycopus europaeus **Ufer-Wolfstrapp**	20 – 130 cm weiß							✿	✿	✿				L 7 F 9
Mentha aquatica **Wasser-Minze**	20 – 80 cm helllila							✿	✿	✿				L 7 F 9
Gräser														
Carex flacca **Blau-Segge**	20 – 50 cm grünbraun				✿	✿	✿							L: 8 F: 8
Carex pendula **Hänge-Segge**	70 – 150 cm gelbbraun					✿	✿							L 5 F 8
Carex pseudocyperus **Scheinzypergras-Segge**	40 – 80 cm gelbbraun					✿	✿							L 8 F 9
Carex riparia **Ufer-Segge**	60 – 120 cm gelbbraun					✿	✿							L 7 F 9

Fortsetzung der Tabelle auf der folgenden Seite →

Wissenschaftlicher Name Deutscher Name	Wuchshöhe Blütenfarbe	J	F	M	A	M	J	J	A	S	O	N	D	Lichtzahl* Feuchtezahl
Schoenus nigricans **Schwarzes Kopfried**	10 – 60 cm braunschwarz					✿	✿	✿						L 9 F 9
Juncus filiformis **Faden-Binse / Faden-Simse**	15 – 45 cm grün						✿	✿	✿					L 7 F 8
Scirpoides holoschoenus **Kugel-Binse / Kugel-Simse**	30 – 100 cm braun						✿	✿	✿					L 7 F 8

Heimische Flachwasserpflanzen

Flachwasserpflanzen, auch Röhrichtpflanzen genannt: Pflanzen im seichten Wasser stehend, bis zu einer Wassertiefe von maximal einem Meter, Blätter und Blüten der Pflanzen ragen aus dem Wasser. Wir berücksichtigen den schwankenden Wasserstand und setzen die Pflanzen lieber etwas flacher als bezüglich der maximal möglichen Wassertiefe angegeben ein.

Wissenschaftlicher Name Deutscher Name	Wuchshöhe max. Wassertiefe Blütenfarbe	J	F	M	A	M	J	J	A	S	O	N	D	Lichtzahl* Feuchtezahl
Iris pseudacorus **Gelbe Schwertlilie / Wasser-Schwertlilie**	60 – 100 cm bis 50 cm gelb					✿	✿							L 5 – 6 F 7
Hottonia palustris **Wasserfeder**	15 – 50 cm bis 50 cm weiß bis blassrosa					✿	✿	✿						L 7 F 11
Hippuris vulgaris **Tannenwedel**	30 – 100 cm bis 60 cm unauffällig in den Blattachseln					✿	✿	✿	✿					L 7 F 11
Rorippa amphibia **Ufer-Sumpfkresse**	40 – 120 cm bis 30 cm gelb					✿	✿	✿	✿					L 7 F 10
Veronica beccabunga **Bachbunge**	20 – 60 cm bis 20 cm blau					✿	✿	✿	✿	✿				L 7 F 10
Acorus calamus **Kalmus**	60 – 120 cm bis 50 cm grün						✿	✿						L 8 F 10
Ranunculus lingua **Zungen-Hahnenfuß**	50 – 150 cm bis 50 cm gelb						✿	✿	✿					L 7 F 10
Sagittaria sagittifolia **Gewöhnlich-Pfeilkraut**	30 – 90 cm bis 30 cm weiß mit purpur-braunem Grund						✿✿	✿✿	✿✿					L 7 F 10
Alisma plantago-aquatica **Gewöhnlicher Froschlöffel**	20 – 100 cm bis 40 cm weiß						✿	✿	✿	✿				L 7 F 10
Veronica anagallis-aquatica **Blauer Wasser-Ehrenpreis**	20 – 80 cm bis 20 cm blau						✿	✿	✿	✿	✿			L 7 F 9

*Hinweise zur ***Lichtzahl L*** (von 1: Tiefschattenpflanze bis 9: Volllichtpflanze) und zur ***Feuchtezahl F*** (von 1: Starktrockniszeiger bis 12: Unterwasserpflanze) finden Sie ab Seite 72

Wissenschaftlicher Name *Deutscher Name*	*Wuchshöhe* *max. Wassertiefe* *Blütenfarbe*	*J*	*F*	*M*	*A*	*M*	*J*	*J*	*A*	*S*	*O*	*N*	*D*	*Lichtzahl** *Feuchtezahl*
Mentha aquatica Wasser-Minze	20 – 80 cm bis 30 cm lila							✿	✿	✿	✿			L 7 F 9
Gräser														
Schoenoplectus lacustris Grün-Teichbinse	100 – 300 cm bis 100 cm beige					✿	✿	✿						L 8 F 11
Cyperus longus Langes Zypergras	50 – 120 cm bis 30 cm braun					✿	✿	✿	✿	✿	✿			L 8 F 10
Sparganium erectum Ästiger Igelkolben	30 – 100 cm bis 30 cm weiß						✿	✿	✿					L 7 F 10
Typha angustifolia Schmalblatt-Rohrkolben	100 – 300 cm bis 100 cm braun							✿	✿					L 8 F 10
Typha latifolia Breitblatt-Rohrkolben	100 – 200 cm bis 50 cm braun							✿	✿					L 8 F 10

Heimische Schwimmblattpflanzen

Pflanzen im freien Wasser mit auf der Oberfläche schwimmenden Blättern, freischwimmend oder im Boden wurzelnd.

Wissenschaftlicher Name *Deutscher Name*	*Wuchshöhe* *max. Wassertiefe* *Blütenfarbe*	*J*	*F*	*M*	*A*	*M*	*J*	*J*	*A*	*S*	*O*	*N*	*D*	*Lichtzahl** *Feuchtezahl*
Ranunculus aquatilis Gemeiner Wasser-Hahnenfuß	10 – 200 cm bis 200 cm weiß					✿	✿	✿	✿	✿				L 7 F 11
Hydrocharis morsus-ranae Europäischer Froschbiss	15 – 30 cm frei schwimmend weiß						✿	✿	✿					L 7 F 11
Nuphar lutea Gelbe Teichrose	50 – 400 cm bis 400 cm gelb						✿	✿	✿					L 8 F 11
Nymphaea alba Weiße Seerose	50 – 550 cm bis 550 cm, Optimum bei 100 – 150 cm weiß, auch Sorten in Farben						✿	✿	✿					L 8 F 11
Nymphoides peltata Europäische Seekanne	80 – 150 cm bis 150 cm gelb							✿	✿	✿				L 8 F 11

Heimische Unterwasserpflanzen

Pflanzen überwiegend untergetaucht lebend, zumeist am Grund verwurzelt, Sprosse und Blätter unter Wasser, bei manchen Pflanzen Blüten und Samenstände aus dem Wasser ragend.

Wissenschaftlicher Name ***Deutscher Name***	***Wuchshöhe*** ***max. Wassertiefe*** ***Blütenfarbe***	*J*	*F*	*M*	*A*	*M*	*J*	*J*	*A*	*S*	*O*	*N*	*D*	***Lichtzahl**** ***Feuchtezahl***
Potamogeton filiformis **Faden-Laichkraut**	10 – 50 cm bis 50 cm unauffällig					✿	✿	✿	✿					(L 6) (F 12)
Stratiotes aloides **Krebsschere**	15 – 45 cm frei im Wasser schwebend, manchmal locker im Boden verwurzelt weiß					❀	❀	❀	❀					L 7 F 12
Potamogeton crispus **Kraus-Laichkraut**	30 – 200 cm bis 200 cm unauffällig					✿	✿	✿	✿	✿				L 6 F 12
Potamogeton natans **Schwimm-Laichkraut**	60 – 150 cm bis 150 cm unauffällig					✿	✿	✿	✿	✿				L 6 F 12
Potamogeton pectinatus **Kamm-Laichkraut**	30 – 300 cm bis 300 cm unauffällig					✿	✿	✿	✿	✿				L 6 F 12
Potamogeton lucens **Glanz-Laichkraut**	60 – 300 cm bis 300 cm unauffällig						✿	✿	✿					(L 6) (F 12)
Potamogeton perfoliatus **Durchwachs-Laichkraut**	30 – 200 cm bis 200 cm unauffällig						✿	✿	✿					L 6 F 12
Ceratophyllum demersum **Rau-Hornblatt**	50 – 400 cm bis 400 cm unauffällig						✿	✿	✿	✿				L 6 F 12
Potamogeton coloratus **Farb-Laichkraut**	30 – 60 cm bis 60 cm Laubblätter rötlich						✿	✿	✿	✿				L 8 F 12
Ceratophyllum submersum **Zartes Hornblatt**	50 – 150 cm bis 150 cm unauffällig						✿	✿	✿	✿	✿			L 5 F 12

*Hinweise zur ***Lichtzahl L*** (von 1: Tiefschattenpflanze bis 9: Volllichtpflanze) und zur ***Feuchtezahl F*** (von 1: Starktrockniszeiger bis 12: Unterwasserpflanze) finden Sie ab Seite 72

Neu gebaut und frisch bepflanzt, sieht der Schwimmteich so aus

Der Schwimmteich

Ein Schwimmteich ist nichts anderes als ein Teich mit Zusatznutzen. Wir stellen ihn uns, grob gesehen, als einen im Teich versenkten Swimmingpool vor. Im inneren Bereich, dem Poolbereich, finden sich weder Substrat noch Pflanzen, darin können wir schwimmen. In den flachen Zonen rundherum wachsen Pflanzen wie im normalen Teich. Diese »Regenerationszonen« sollten mindestens genauso groß sein wie die Nutzungszone in der Mitte. Dies ist eine Faustformel, die tatsächlich sinnvolle Größe hängt von vielen weiteren Kriterien wie Lage des Teichs, Anzahl der Menschen, die üblicherweise darin baden, Wassertiefe und anderen ab.

Der Aufbau entspricht im Grunde dem eines einfachen Teiches, die Abgrenzung zwischen den beiden Bereichen kann aus den unterschiedlichsten Materialien bestehen: Beton, Stein, Plastik, Holz. Idealerweise überlassen wir die Planung einer Fachfirma.

Der Markt ist inzwischen voll mit verschiedenen Systemen, manche ohne Technik, manche mit, und ziemlich unübersichtlich. Seit der Entwicklung des Schwimmteichs in den 1980er-Jahren hat sich diese Idee am Markt immer mehr durchgesetzt, hat sie doch mehrere Vorteile gegenüber einem konventionellen Pool:

- Obwohl die Badezeit meist auf drei bis vier Monate im Jahr beschränkt ist, bietet ein Schwimmteich das ganze Jahr über Abwechslung: blühende Pflanzen, Amphibien, Libellen und Schmetterlinge und im Winter die Chance zum Eislaufen im eigenen Garten. Ein Pool liegt außerhalb der Badezeit dagegen als nutzloser blauer Fleck im Garten.
- Wir tun der Natur etwas Gutes, indem wir einen zusätzlichen Lebensraum schaffen. Und dies auf eine Art, die relativ sparsam mit Material und Energie umgeht, weil der Schwimmteich ein Jahrzehnte lang haltbares Bauwerk ohne zusätzlichen Energieeinsatz ist.

Zu unterscheiden gilt es zwischen Schwimmteich und Naturpool. Naturpools sind ein ganz eigenes Kapitel: Hier reinigt nicht Mutter Natur, sondern eine Filteranlage. Ihr Vorteil ist, dass keine Chemikalien – wie bei einem konventionellen Pool – verwendet werden und das so gefilterte Wasser glasklar, weil ohne Leben ist. Ihr Nachteil: eben Letzteres. Und bei Stromausfall funktioniert auch die Reinigung nicht mehr. Das hat mit naturnah nichts zu tun und ist also nicht mein Thema.

Um uns für ein bestimmtes Angebot zum Bau eines Schwimmteiches zu entscheiden, prüfen wir den Anbieter nach folgenden Kriterien:

- Kenntnisse in Wasserbiologie: Wer die Zusammenhänge der natürlichen Selbstreinigungskraft des Wassers nicht verstanden hat, kann kein langlebiges Bauwerk auf nachhaltige Art und Weise errichten.
- Frage nach dem Stellenwert der Technik: Wer sich für das Funktionieren allein auf Technik verlässt, ist von ihr abhängig und verpflichtet sich dadurch auch zum ständigen Einsatz von Energie. Technik darf höchstens ein Zusatzhilfsmittel, keine Voraussetzung sein.
- Bereitschaft zum Gespräch und zum Zeigen mehrerer Teiche, die für Kunden bereits geplant und gebaut wurden: Am besten suchen wir das Gespräch mit den stolzen Teichbesitzern, weil so ehrlichere Aussagen zu erwarten sind als vom Teichbauer selbst.
- Mitgliedschaft in einem der Fachvereine für Schwimmteiche und Naturpools. Ihre Mitgliedsbetriebe müssen sich einer jährlichen Qualitätskontrollle unterziehen.
- Da wir Wert auf Naturnähe legen, wenden wir uns zuerst an Anbieter, die auch in einem der Naturgarten-Vereine organisiert sind, siehe auch Seite 172.

Bild rechts: Ein Jahr nach der Errichtung sieht man schon den deutlichen Zuwachs der Teichpflanzen und auch schon die ersten Seerosenblüten

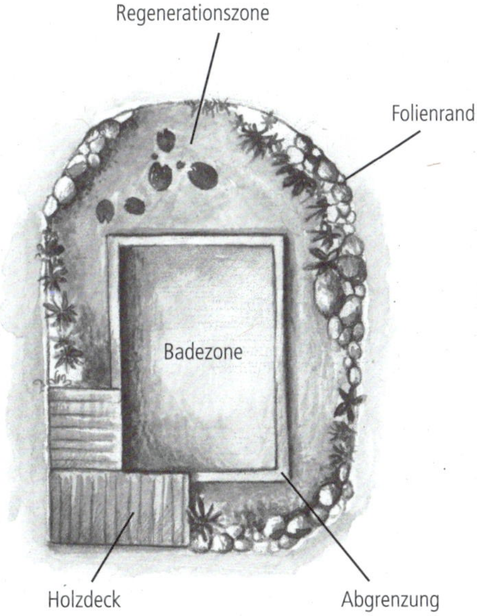

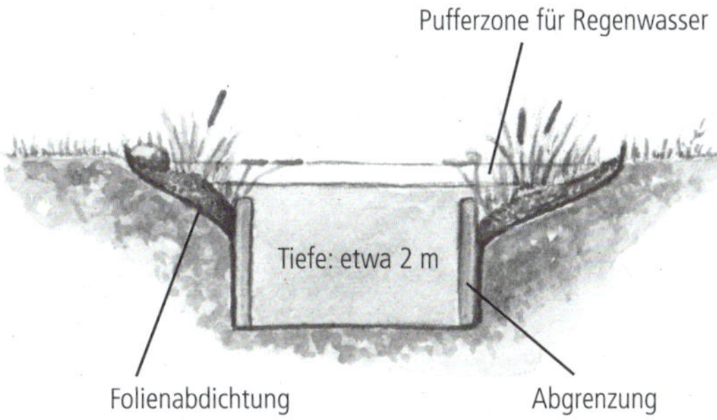

Der Schwimmteich in Aufsicht (links) und im Querschnitt (rechts)

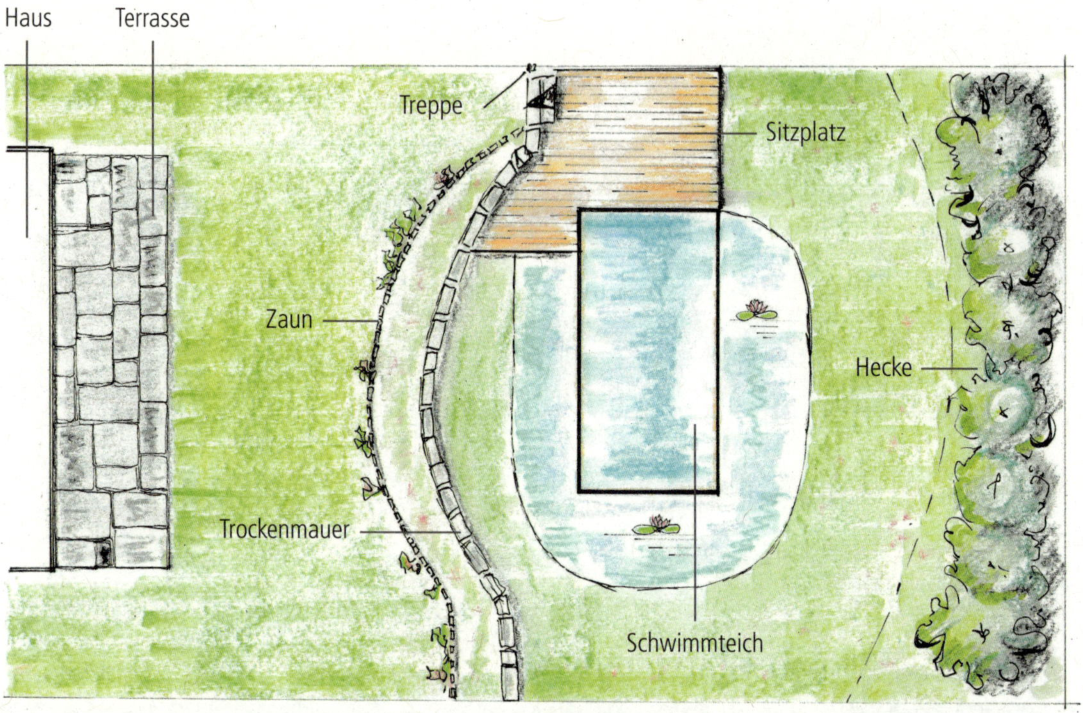

So wie in diesem Beispiel kann auch bei Hanglage ein Schwimmteich gebaut werden (oben: in Aufsicht, unten: im Querschnitt):
Die Trockenmauer bietet zusätzlichen Lebensraum, der Zaun schützt Kinder vor einem Absturz über die Mauer und dient als Stütze für Hochstauden und Kletterpflanzen.

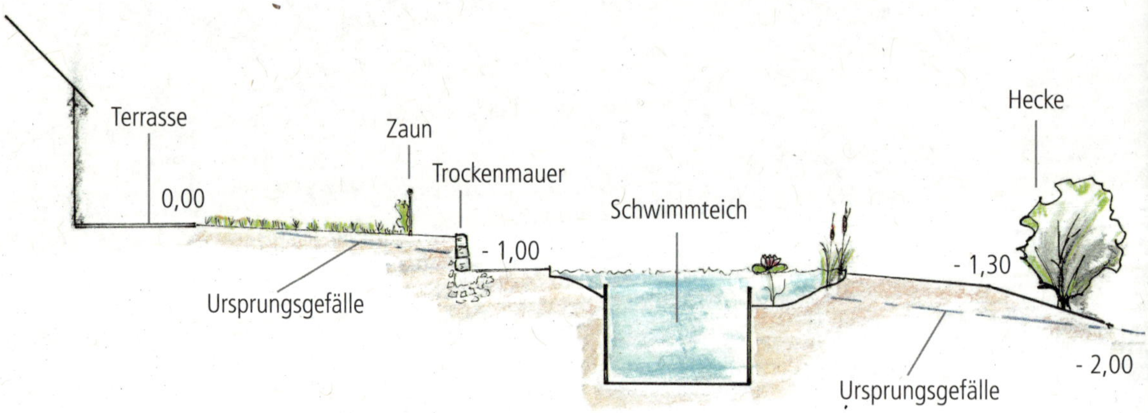

Zulauf zum Teich oder Schwimmteich

Um den Kreis zur Regenwasserspeicherung und zum Dachwasser zu schließen, wollen wir das Regenwasser vom Dach in den Teich fließen lassen.

Dachwässer sind nicht wirklich sauber, vor allem nicht der erste Guss, der die Verschmutzungen und Stäube, die sich auf dem Dach gesammelt haben, mitreißt (siehe auch Seite 16 und ab Seite 87). Dieser Guss sollte besser nicht in unserem Schwimmteich landen. Auch liegt der Teich aus verschiedenen Gründen häufig nicht direkt unter dem Fallrohr der Dachrinne, wir brauchen also eine Verbindung zwischen Dach und Teich, einen Zulauf.

Um das Verschmutzungsproblem zu lösen, können wir einen konventionellen Abscheider verwenden, der in das Regenfallrohr eingebaut wird und während der ersten fünf Minuten den Kanal und erst danach den Teich beschickt (siehe auch Seite 89). Zusätzlich oder alternativ überwinden wir den Weg zwischen Regenrohr und Teich mit einem bachlaufähnlichen System. Diese oberirdische Wasserführung bietet zahlreiche Vorteile:

- Wir sparen die für Verstopfung anfällige unterirdische Zuleitung zum Teich, die im Normalfall außerdem aus PVC-haltigen Polokalrohren besteht.
- Die dichte Bepflanzung des Baches wirkt als Filter für die Dachverschmutzungen, wir sparen den Abscheider. Zusätzlich trägt ein Absetzbecken vor dem Überlauf in den Teich zum Rückhalt von Schwebstoffen bei.

  In jedem Fall sollte Dachwasser erst in einen mindestens zwei Jahre etablierten Teich eingespeist werden. In einem neuen Teich finden alle Teilnehmer erst ihre Plätze, das System ist labil. Ein Schuss Dachwasser, voll mit Stäuben aus der Sahara, Abrieb von Autoreifen und Vogelkot, ist da zu viel.
- Von einem »richtigen« Bachlauf unterscheidet sich unser Zulauf dadurch, dass er nicht ständig mit Wasser versorgt wird, sondern nur in Regenzeiten, was eine interessante, vielfältige Flora fördert.
- Natürlich können wir auch einen ständig bewegten Bach konstruieren, in den das Dachwasser zusätzlich eingespeist wird, dies funktioniert aber nur mit einer Pumpe. Mit einer Solarpumpe oder einer Luftpumpe betrieben, ist aus ökologischer Sicht auch nichts dagegen einzuwenden.
- Der Bach, weil fließend, bietet eine zusätzliche Art Lebensraum im Garten. Es können sich Tiere ansiedeln, die sich an stehenden Gewässern nicht wohl fühlen, wie vielleicht sogar die Prachtlibelle.
- Kinder lieben Bäche! Grundsätzlich richtig gebaut, nimmt der Bach weder Wehrbauten noch Schifffahrt übel.

Einen Bach so zu bauen, dass er nicht spontan an verschiedenen Stellen über die Ufer tritt, ist nicht ganz einfach. Im Zweifelsfall überlässt man das einem Profi. Schließlich sollten die beiden gegenüberliegenden Bachufer stets auf derselben Höhe liegen, der ganze Bach sollte ein leichtes Gefälle in Richtung Ziel, das heißt Teich oder Schwimmteich haben und über die ganze Strecke immer wieder Vertiefungen bilden, in denen sich auch bei ausgeschalteter Pumpe Restwasser für die Wasserlebewelt sammeln kann. Nur begnadete Heimwerker sollten sich daran versuchen oder den Bach von vornherein als Sickerstrecke konzipieren (siehe auch Seite 129).

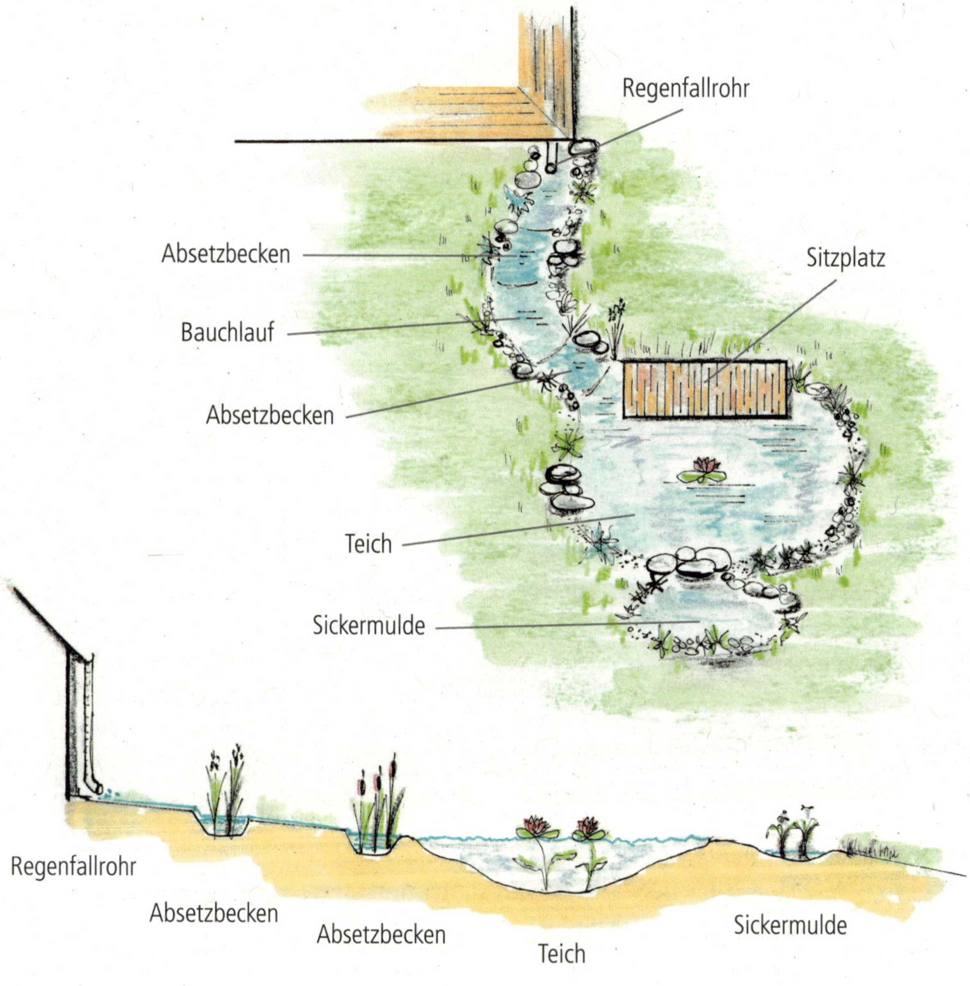

Ein Bachlauf dient als Zulauf zum Teich oder zur Sickermulde
(oben: in Aufsicht, unten: im Querschnitt):
Er leitet das Dachwasser auf natürliche Art vom Regenfallrohr in den Garten.

Diese Pflanzenschönheiten passen in jeden Teich (von links oben nach rechts unten): Sumpf-Dotterblume *(Caltha palustris)*, Bach-Nelkenwurz *(Geum rivale)*, Breitblättriger Rohrkolben *(Typha latifolia)*, Seerose *(Nymphea sp.)*

In Kürze: Teiche und Schwimmteiche

Teiche und Schwimmteiche leisten wertvolle Beiträge zum Regenwassermanagement, wenn der Normalwasserspiegel deutlich unter der Foliengrenze liegt.

Wir setzen auch bei Teichen und Schwimmteichen auf Systeme, die möglichst wenig Rohstoffe und Energie benötigen und mit der natürlichen Selbstreinigungskraft des Wassers arbeiten. Diese funktioniert im natürlichen Kreislauf von Produktion mit Sonnenenergie, Konsum und Zersetzung. Wenn dieses System im Gleichgewicht ist, ist das Teichwasser klar und die Pflanzen gedeihen.

Technische Hilfsmittel sollten nie tragende Rollen, maximal Hilfsrollen bei der Wasserreinigung spielen.

Für die Planung sollten Fachfirmen herbeigezogen werden, die nachweislich Kenntnis der biologischen Zusammenhänge und schöne Referenzanlagen vorweisen können.

Wassertanks und Zisternen

Mein Herz schlägt zwar für die multifunktionalen, naturnahen Teiche als Speichermedien für Regenwasser, in bestimmten Fällen sind aber auch Wassertanks oder Zisternen sinnvoll:

- wenn in Ihrem Garten wirklich kein Platz für einen Teich vorhanden ist,
- wenn Sie einen Teich für zu gefährlich für die Kinder halten und niemandem Stress verursachen wollen,
- wenn Sie einfach keinen Teich mögen,
- wenn das Regenwasser auch als Brauchwasser im Haus genutzt werden soll.

Es gibt zahlreiche Systeme, die Regenwasser auch als sogenanntes »Grauwasser« für die WC-Spülung und Waschmaschine im Haus nutzen. Zusammen mit der Nutzung als Gießwasser schätzt man die sich so ergebende Wasserersparnis auf etwa 30 Prozent des Gesamtwasserverbrauchs eines Haushaltes. Der Einbau einer Hauswasseranlage ist allerdings mit hohen Anschaffungskosten verbunden, die sich durch die Einsparungen aufgrund der geringeren Kosten für Wasser und Abwasser sowie des geringeren Waschmittelverbrauchs und der Schonung der Waschmaschine durch Nutzung des »weichen« Regenwassers kaum amortisieren.

Ob sich der Aufwand lohnt, hängt natürlich auch von den Niederschlagsmengen ab. In Gegenden mit weniger als 500 Millimeter Niederschlag pro Jahr lohnt sich lediglich die Nutzung als Gießwasser, die Niederschläge reichen keinesfalls für die Wäschemengen einer auch nur vierköpfigen Familie.

Wie viel Wasser brauchen wir zum Gießen?

Wie viel Wasser benötigen wir bei durchdachter Gartengestaltung überhaupt zum Gießen? Wir gehen von einer Gestaltung aus, die nur den Gemüsegarten mit Wasser versorgen will. Der Wasserbedarf verschiedener Gemüsekulturen bewegt sich zwischen 200 und 600 Liter (= Millimeter) pro Quadratmeter und Jahr. Dieser Bedarf lässt sich durch geeignete Bodenbedeckung mit Zwischensaaten und Mulchmaterial noch verringern. Und auch der natürliche Regen fällt auf den Gemüsegarten.

Gehen wir in unserem Beispiel einfach von einem mittleren Bedarf von 400 Millimetern pro Quadratmeter aus, das sind 400 Liter pro Quadratmeter. Wir befüllen den Speicher von einem 50 Quadratmeter großen Dach, das über das Jahr hin 35 000 Liter Regenwasser liefert. Mit dieser Menge lassen sich in unserem einfachen Beispiel rund 90 Quadratmeter Gemüsegarten bewässern, gleichmäßige Wasserverfügbarkeit vorausgesetzt. Also ab in die Selbstversorgung!

Es gibt dazu eine Reihe von Regeln und Verordnungen. Weil sich diese immer mal ändern, sollte man sich vor einem doch nicht ganz billigen Umbau direkt vorher informieren. Im Wesentlichen gilt das – neben den örtlichen Bauordnungen – für folgende Regeln:

- DIN 1988 Technische Regeln für die Trinkwasserinstallation (TRWI),
- DIN 2000 und DIN 2001 Regeln zur Trinkwasserversorgung mit Hygiene- und Gütevorschriften,
- Trinkwasserverordnungen mit Pflichten für Betreiber von Trinkwasseranlagen,
- DIN 1986 für Entwässerungsanlagen für Gebäude und Grundstücke,
- Allgemeine Versorgungsbedingungen Wasser (AVB Wasser).

Dieses Buch und auch meine Kenntnisse beschränken sich auf den Garten. Ich gehe im Folgenden nicht auf Komplettanlagen mit Außenspeicher und Regenmanager ein, sondern nur auf einfache Anlagen zur Gießwassernutzung: einerseits auf frei stehende und andererseits auf im Boden eingegrabene Speicher. Letztere nennt man Zisternen. Aber auch die Einfachheit kann ihre Tücken haben, darum zunächst ein paar Anmerkungen zur Wasserqualität bei Speichersystemen.

Wasserqualität bei Speichersystemen

Obwohl wir das Thema »Regenwassernutzung im Haus« und die für eine solche Nutzung erforderliche Wasserqualität außen vor lassen, betrifft uns das Problem der Wasserqualität auch bei der Wasserspeicherung für Gießzwecke im Garten.

Im biologischen System Teich erfolgt die Reinigung durch die natürliche Selbstreinigungskraft des Gewässers (siehe Seite 68). Auch Stechmücken sind im offenen Teich kein Problem, weil ihre Larven von gierigen Räubern schnellstens aufgefressen werden. Anders sieht die Situation in geschlossenen Behältern wie Zisternen oder Tanks aus. Stechmücken finden ihren Weg in jedes stehende Wasser, sei die Einflugöffnung noch so klein. Die wenigsten ihrer Räuber – Gelbrandkäfer, Libellen oder Frösche – sind allerdings in der Lage, ihnen in eine Regentonne zu folgen, also können sich die kleinen Vampirlarven wunderbar entwickeln, schlüpfen, aus fliegen und Blut saugen.

Regenwasser hat an sich keine Trinkwasserqualität, es enthält jede Menge Inhaltsstoffe, manche davon wenig zuträglich für uns Menschen (siehe auch Seite 16) – bei der Speicherung von Regenwasser in Tanks oder Zisternen kann es zu weiteren Qualitätsproblemen kommen:

1. Staub, Luftschadstoffe, Abrieb vom Dach und im Winter **Ruß:** Abrieb vom Dach kann problematisch werden, wenn es sich um alte Dächer aus Asbestzement oder um Deckungen aus Zink oder Kupfer handelt. Kupfer und sein Salz

Grünspan sind giftig und dürfen weder auf Kleidung noch via Gießwasser in den Boden gelangen. Die aus Dachrinnen und Fallrohren gelösten Mengen sind im Gießwasser zu vernachlässigen, in Teiche darf solches Kupfer aber nicht gelangen, da es als Biozid auf die Teichbiologie wirkt.

Moderne Speicheranlagen sind so mit Filtern ausgestattet, dass der erste Regenguss, der die größte Menge an Dachschmutz mitführt, in den Kanal oder das Sickerbauwerk gelangt.

2. Keime: Durch Vogelkot können mit dem Regenwasser eventuell gesundheitlich bedenkliche Keime, besonders in Städten, in die Speichersysteme eingebracht werden.

Allerdings benötigen alle aus Körpern stammenden Bakterien ungefähr Körpertemperatur und auch Nährstoffe zum Leben. In Sammelanlagen ist es üblicherweise kühler als in lebenden Körpern, und Verunreinigungen, die als Nährstoffe dienen könnten, werden durch mechanische Filter entfernt. Natürlich sollte der Filtersatz entsprechend der Gebrauchsanweisung gereinigt werden, damit er nicht zur Brutstätte für was auch immer wird.

Wichtig ist auch eine zur Nutzung passende Dimensionierung des Speichers. Ist er zu groß, bleibt das Wasser lange stehen und eventuell vorhandene Keime haben doch noch eine Chance auf Wachstum. Wurde länger kein Wasser aus dem Tank entnommen, wie in Urlaubszeiten, sollte man ihn entleeren und einige Tage trocken stehen lassen. Diese Phase sollte man zugleich zum Abschaben des Bodensatzes nutzen, da dieser Futter für potentielle Keime darstellt. Wieder ein Argument für meine geliebten Teiche: kein Abkratzen des Bodensatzes!

Für eine vierköpfige Familie, die Regenwasser für Spülkasten, Waschmaschine und Garten nutzen will, empfehlen sich etwa 6 Kubikmeter Speichervolumen.

3. Algen: Algen bilden sich immer und überall, auch in der kleinsten Wasserpfütze, wenn die Bedingungen stimmen. Sie würden sich auch gerne in unseren Wasserspeichern bilden und dann vielleicht gar noch Filter und Rohre zuwachsen. Dies verhindern wir, indem wir ihnen ihre Lebensgrundlage, Licht, vorenthalten. Kein Licht – keine Fotosynthese – kein Algenwachstum.

Frei stehende Speicher

Frei stehende Speicher eignen sich für die Speicherung kleinerer Wassermengen. Es werden Behälter mit Volumina bis zu 2000 Liter angeboten. Meist sind sie aus Kunststoff, was immerhin den Vorteil der Leichtheit bietet – sie wiegen zwischen 20 und 70 Kilogramm. Somit kann man sie problemlos selbst transportieren und aufstellen. Die meisten Dächer haben zwei Regenfallrohre, sodass wir durch das Aufstellen zweier Tanks immerhin bis zu 4000 Liter sammeln können.

Soll das Wasser allerdings nur für die Bewässerung des Gartens genutzt werden, sollten wir uns zunächst einmal fragen: »Brauch' ma das?« Schließlich bedeutet ein nicht aufgestellter Speicher geringere Kosten, weniger Plastikmüll, weniger Arbeiten, nämlich fürs Einkaufen, Heimschleppen, Aufstellen und dann fürs Gießen. Na also!

Haben wir uns doch für einen frei stehenden Wasserspeicher entschieden, beachten wir unabhängig davon, ob es sich um ein klassisches Regenfass, eine Plastikamphore in Terracotta-Optik mit integrierter Pflanzschale, einen Flachspeicher mit Pseudokorbstruktur oder einen Betonklotz handelt, fünf Tipps:

- Ein mechanischer Filter, ein sogenannter Laubabscheider, sollte den Eintrag von Schmutz verhindern. Es gibt verschiedene Systeme, die im Grunde alle über ein Gitter oder Sieb Laub und andere Grobteile in den Kanal oder zur Versickerung weiterleiten und das Wasser über ein seitliches Rohr in den Tank leiten. Der Laubabscheider sollte sich leicht öffnen lassen und gut zu reinigen sein.
- Der Speicher sollte lichtdicht sein, damit keine Algen wachsen.
- Der Speicher sollte keine Öffnungen haben, die groß genug für Stechmücken sind, sonst entwickelt sich unser Tank zu einem Paradies für Mücken.
- Der Speicher sollte einen Auslass mit Hahn im unteren Drittel haben, an den ein Gartenschlauch angeschlossen werden kann. Der Auslass darf sich nicht ganz auf Bodenhöhe befinden, weil sich trotz aller Vorsicht immer Bodenschlamm im Speicher bildet.
- Der Standort des Speichers sollte höher liegen als die zu gießende Fläche, damit das Gießwasser aufgrund der natürlichen Schwerkraft fließen kann.

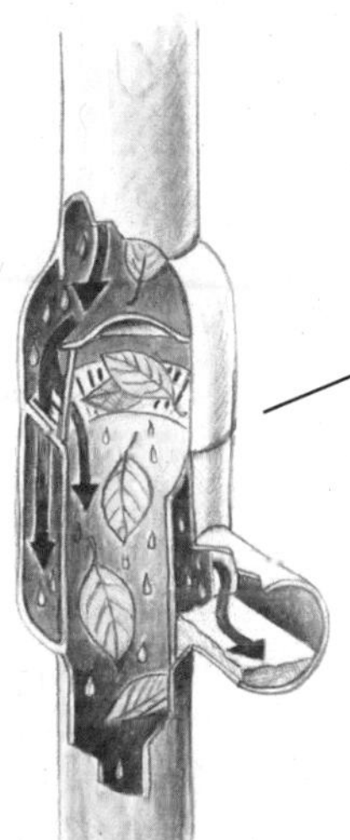

Ein Laubabscheider verhindert, dass Laub und andere Verunreinigungen vom Dach in den Wasserspeicher gelangen. Das Laub wird stattdessen in den Kanal geleitet.

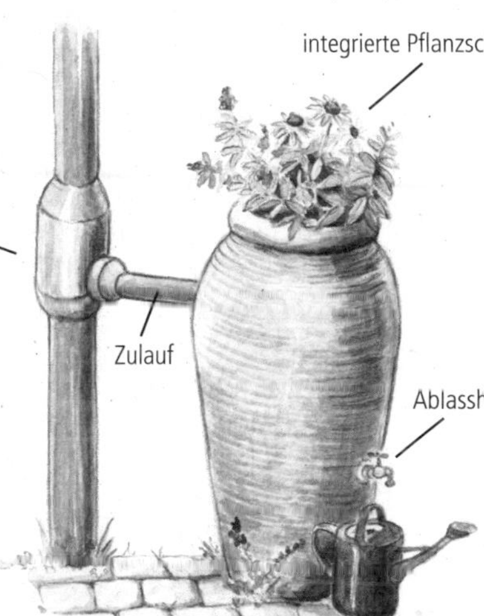

Beispiel für eine frei stehende Zisterne

Bei der Auswahl des Materials ist nicht nur auf die Optik – griechische Säule versus Woody-Wandtank – zu achten, sondern auch auf Haltbarkeit und Reparierbarkeit.

Ein Wasserspeicher in Form einer Amphore, einer Säule oder eines Korbs aus Plastik kostet derzeit je nach Fassungsvermögen bis zu mehreren hundert Euro. Sollte der Tank schlecht aufgestellt sein, im Winter auffrieren, weil er weder entleert noch der Hahn geöffnet wurde, oder sollte er, egal wie, kaputtgehen, ist er ein Fall für die Sperrmülldeponie. Weil das Wasser auf die Wände des gefüllten Behälters Druck ausübt, lässt sich ein Sprung nicht einfach kleben. Man kann das Material, meist Polyethylen, allein von einer Fachfirma schweißen lassen, allerdings übersteigen die Kosten dieser Arbeit den Warenwert.

Zisternen

Zisternen werden im Boden vergraben, sodass die Fläche darüber genutzt werden kann. Einzig der Schachtdeckel, über den ein Zugang zu Wartungszwecken möglich ist, sollte leicht zu öffnen sein. Zu Fuß über Zisternen, auch den Schachtdeckel, zu gehen, ist problemlos möglich. Eine Zisterne, über die auch Autos fahren werden, sollte aber von Fachfirmen geplant und gebaut werden.

Wir bedenken noch im Planungsstadium, dass jedes gegrabene Loch Aushubmaterial produziert. Das bedeutet beispielsweise bei einem 2000 Liter (= 2 Kubikmeter) fassenden Tank ein Erdvolumen von 2 Kubikmetern mit einer zusätzlichen Auflockerung von 30 bis 50 Prozent. Auflockerung bedeutet, dass die ausgegrabene Erde nicht mehr so dicht gepackt ist wie der natürlich gewachsene Boden, viele Hohlräume enthält – besonders bei lehmigen Böden, die sehr schollig brechen – und deshalb mehr Volumen braucht. Würden wir diese Erde abtransportieren lassen, müssten wir also Transport und Entsorgung für 2,6 bis 3 Kubikmeter bezahlen.

Eine Zisterne wird im Boden vergraben.
Der Erdaushub sollte möglichst an Ort und Stelle für die weitere Gestaltung des Gartens genutzt werden.

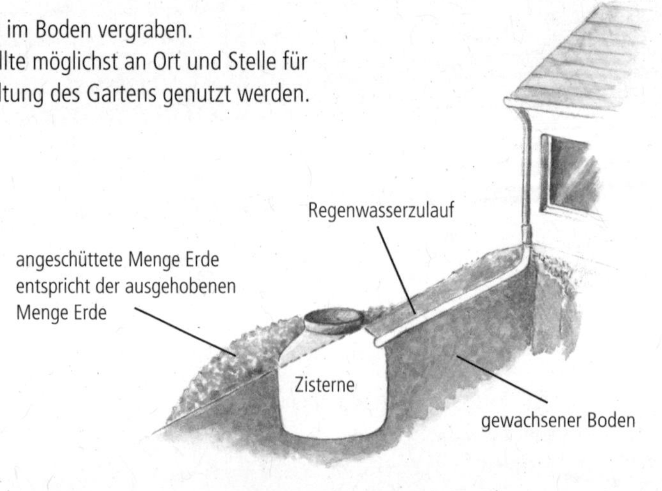

Sinnvoller als der Abtransport ist es, diesen Aushub vor Ort als Hügel oder Wall unterzubringen oder die Zisterne bei Hanglage nur teilweise zu vergraben und den aus dem Boden ragenden Teil anzuschütten.

Im Folgenden ein kurzer Überblick über verschiedene Zisternensysteme.

Betonspeicher in einem Stück

Betonspeicher in einem Stück werden meist als Komplettlösung mit Filter und Anschlussrohren angeboten und sind sehr praktisch, weil sie sicher dicht sind und schnell und einfach aufgestellt werden können. Aufgrund des Transportgewichts sind sie nur für kleinere Anlagen geeignet und müssen von Fachfirmen installiert werden.

Zisternen aus Betonschachtringen

Bei Zisternen aus Betonschachtringen werden auf einen Ring mit Boden mehrere Ringe und obenauf ein sich verjüngender Konus mit Schachtdeckel aufgesetzt. Der Einbau dieser Ringe ist etwas heikel, da der Untergrund ganz eben und standfest sein muss. Falls eine Seite absinkt, kommt es zu Spannungen und der Beton könnte reißen. Zwischen Nut und Feder der Ringe wird Zementmörtel als Dichtung aufgebracht. Beachten müssen wir auch, dass sich Überlauf und Leitungen in frostfreier Tiefe, mindestens 80 Zentimeter tief, befinden oder im Winter wasserfrei stehen müssen.

Aus Beton gegossene Zisternen

Aus Beton gegossene Zisternen eignen sich für größere Anlagen, auch für Kommunen, und können in jeder Form oder Größe gegossen werden. Man berücksichtige nur die Lage des Speichers in frostfreier Tiefe, einen Zugangsschacht und einen Pumpensumpf, das heißt eine Vertiefung in einem Eck des Zisternenbodens. Der Boden der Zisterne sollte zum Pumpensumpf hin leicht geneigt sein. Wenn die Zisterne vollständig geleert werden muss, sammeln sich im Pumpensumpf Wasser und Schmutz und können so bis zum letzten Rest ausgepumpt werden. Das Herstellen einer dichten Betonzisterne überlasse man einer Fachfirma.

Kunststoffspeicher

Kunststoffspeicher werden mit einem Fassungsvermögen von bis zu 10 Kubikmetern angeboten. Sie sind, na ja, eben aus Kunststoff, also einem Erdölprodukt. Für diese großen Anlagen gibt es je nach Hersteller bei fachgerechtem Einbau eine Garantie von immerhin 10 bis 15 Jahren. Bei Beschädigung lohnt es sich auch, den Tank schweißen zu lassen. Auch bei Kunststoffspeichern ist es sinnvoll, eine Fachfirma mit dem Einbau zu beauftragen, um Bodensetzungen und daraus resultierende Risse im Kunststoff zu vermeiden. Die Fachfirma haftet auch für eventuelle Schäden.

Regenwasser verschenken

Als nette und großzügige Menschen, die gerne sinnvolle Dinge zur Weltrettung beitragen, geben wir auch gerne ungenutztes Regenwasser zurück. Dorthin zurück, woher es kam, unter die Haut der Erde. Wir tragen nicht zu Überschwemmungen bei, indem wir alles in die Kanäle leiten, sondern lassen es auf unserem Grundstück versickern, durch den Boden, durchs Gestein, gereinigt zurück in die Grundwasserspeicher. Eine gute Tat, sinnvoll und großzügig, immerhin investieren wir Gedanken, Ideen, Geld und Körperkraft in die Umsetzung. Wie wir sehen werden, gewinnen wir auch einiges dabei.

Im Folgenden gehen wir näher auf die verschiedenen Möglichkeiten des Verschenkens ein: zum einen auf die Entsiegelung des Bodens mit Kräuterrasen, wassergebundener Decke, Schotterrasen oder Pflasterung, um den auftreffenden Regen möglichst gut versickern zu lassen. Zum anderen auf die Versickerung mit Sickermulde, Sickerteich, Flächenversickerung, Rigolenversickerung und Schachtversickerung, um auch die Dachwässer naturnah an den Boden weiterzugeben.

Entsiegeln

Wir können zwei Arten von Regenwasser unterscheiden: das Wasser, das einfach vom Himmel auf den Boden fällt, und das Wasser, das von Dachflächen aufgefangen wird und von diesen abläuft. Im Folgenden soll es zunächst um das Wasser gehen, das während eines Niederschlags auf unseren Gartenboden trifft.

Das auf den Boden fallende Wasser sollte am besten auf der Stelle versickern dürfen, daher machen wir überall, wo es möglich ist, das Gegenteil von Versiegeln, wir entsiegeln. Sehen wir uns einmal kritisch ein Grundstück an, wie es häufig zu finden ist, und betrachten die dort vorhandenen Elemente:

- Einfahrt und Abstellplatz, betoniert, für zwei Autos, drum herum genug Platz, um die Autos problemlos zu beladen und auszuräumen, insgesamt etwa 6 × 8 Meter.
- Der Weg vom Autoabstellplatz zur Eingangstüre, insgesamt etwa 5 × 2 Meter.
- Parallel zur Einfahrt der Weg von der Straße zur Eingangstüre, betoniert, breit genug für zwei Personen mit je zwei Einkaufstaschen, etwa genauso viel Fläche wie der Weg vom Autoabstellplatz bis zur Eingangstüre.
- Der Weg ums Haus, einen Meter breit, füllt bei einem 100 Quadratmeter großen Haus immer noch 40 Quadratmeter. Der Weg führt ums Haus auf die Terrasse, diese nimmt die gesamte Hausbreite ein und erstreckt sich über 5 Meter. Auch die Terrasse ist versiegelt.

➤ Von der Terrasse führt ein weiterer Weg in einer Breite von einem Meter in Schwüngen ans Ende des Gartens bis zum Pavillon. Auch diese Fläche ist versiegelt – jeweils 20 Quadratmeter Pavillon und Weg alles in allem.

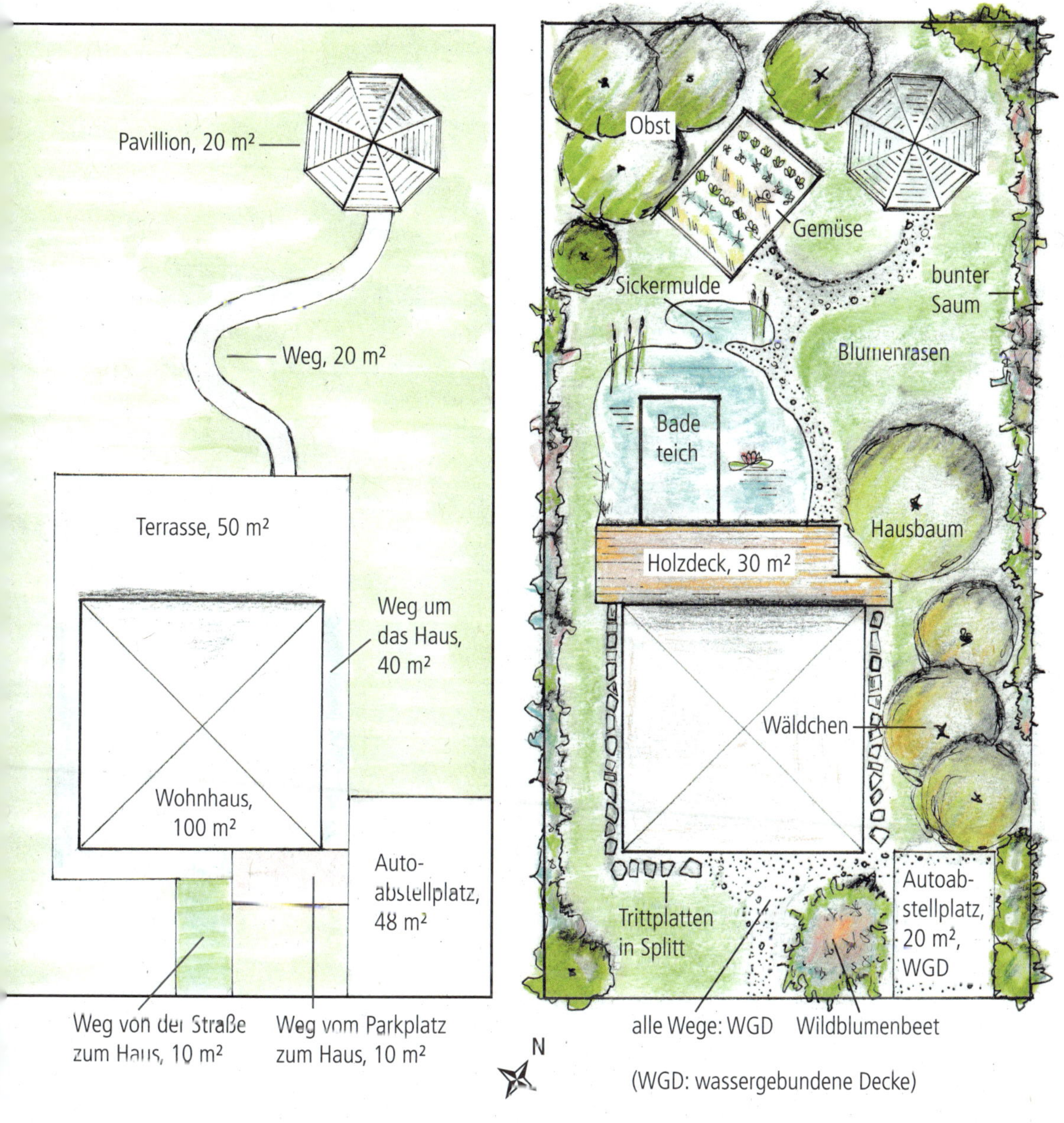

Im konventionellen Garten ist manchmal bis zur Hälfte der Fläche versiegelt (Bild links, s. Text S. 92, S. 93). Nach der Umgestaltung sind Wohnhaus und Pavillon die einzigen versiegelten Bereiche (Bild rechts, s. Text S. 94). Das Regenwasser gelangt vom Dach des Hauses in den Schwimmteich und in die Sickermulde.

Hier haben wir also unsere statistische Durchschnittsfamilie mit ihren 1,3 Kindern und ihrem 600 Quadratmeter großen Grundstück, dessen Flächenbilanz wie folgt aussieht (siehe auch Illustration Seite 93):

- 48 Quadratmeter Autoabstellplatz,
- 10 Quadratmeter Weg von der Straße zur Eingangstüre,
- 10 Quadratmeter Weg vom Autoabstellplatz zur Eingangstüre,
- 40 Quadratmeter Weg ums Haus,
- 50 Quadratmeter Terrasse,
- 20 Quadratmeter Weg zum Pavillon,
- 20 Quadratmeter Pavillon,
- 100 Quadratmeter Wohnhaus.

Das sind zusammen 298 Quadratmeter versiegelte Fläche, also etwa die Hälfte des Gesamtgrundstückes: der ganz persönliche Beitrag zu den 6,25 Prozent versiegelte Fläche Deutschlands. Der positive Aspekt: Beton muss nicht gemäht werden. Machen wir uns bewusst: Den eigentlichen Zweck betonierter Flächen, nämlich sich trockenen Fußes über eine Fläche bewegen zu können, erfüllen auch andere Elemente. Und die Vorteile einer betonierten Fläche wie Stabilität, Sauberkeit und Reinigungsfreundlichkeit bringen auch folgende Nachteile mit sich:

- Flächenversieglung, Regen kann nicht versickern,
- keine Möglichkeit zur Begrünung, nicht einmal in den Fugen,
- Betonabbruch muss gesondert auf die Deponie geführt werden, wo er hoffentlich zu Recyclinggräder (groben, eckigen Steinen mit Feinanteilen) geschrotet wird. Innovative Naturgärtner verwerten ihn allerdings, sie machen im Sinne der Nachhaltigkeit aus allem noch etwas, gleich vor Ort für Trockenmauern und Steinhaufen für Reptilien.

Grundsätzlich versickert Regen im gewachsenen Boden am besten und schnellsten, im Garten also im Rasen, im Blumenbeet oder Gemüsebeet. Im Normalfall gibt es auf einem Grundstück aber auch Wege und Plätze – die jedoch nicht zwangsläufig versiegelt sein müssen. Hierfür gibt es Alternativen:

- Plätze und Wege so groß wie nötig und so klein wie möglich dimensionieren. Oft gehen wir von Größenordnungen aus, die eben »so üblich« sind, ohne zu hinterfragen, ob sie für unsere individuellen Umstände überhaupt passen.
- Prüfen, ob manche Plätze nicht verzichtbar sind, etwa weil es längerfristig nur noch ein Auto in der Familie gibt. Mit diesem Hinterfragen sparen wir auch Geld, denn etwas nicht zu bauen, ist stets am billigsten.

Auf diesem Hanggrundstück sind viele Elemente vereint, die einen Naturgarten ausmachen: bepflanzte Trockenmauern, um Höhenunterschiede zu überwinden, Wege aus wassergebundener Decke, Gemüsebeete, Blumenrasen und ein Schwimmteich

- Keine wasserdichten, sondern wasserdurchlässige Bodenbeläge wählen. Über sie kann der Regen durch Pflasterfugen oder flächig langsam ins Grundwasser sickern.

Früher wurde versiegelt, heute entsiegeln wir und schaffen dadurch wasserdurchlässige Flächen. Wie schnell Regenwasser versickert, hängt von der Art des Untergrundes ab – also davon, wie viel Wasser unser Boden speichern kann und wie viel einfach hindurch rinnt. Die Art des Untergrundes sowie die Art und Intensität der Nutzung sind mit entscheidend, welche der verschiedenen Möglichkeiten für entsiegelten Boden wir wählen. So kann ein wenig genutzter Nebenweg einfach als kurz zu mähender Rasen angelegt werden, der Hauptweg dagegen wird im Splittbett gepflastert.

Entsiegeln: mit Rasen

Rasen ist wasserdurchlässig und eine der häufigsten Bodenbedeckungen. Er kann seine Aufgabe, den Boden sauber betretbar zu machen, in manchen Fällen völlig ausreichend erfüllen, wenn er richtig angelegt ist und die Fläche nicht allzu intensiv genutzt wird, zum Beispiel als Weg durch die Blumenwiese, als Spielfläche oder als Autoabstellplatz für Wochenendgäste.

In der naturnahen Gartengestaltung arbeiten wir in erster Linie mit dem vorhandenen Boden (siehe ab Seite 136). Wenn sich im Garten also bereits Rasenflächen befinden, die sich eignen, werten wir diese mit einer zum vorhandenen Boden passenden Saatgutmischung auf (siehe Seite 99). Soll der Rasen aber ganz neu angelegt werden, zum Beispiel an einer Stelle, wo vorher Beton oder Bauschutt war, wählen wir den für eine Nutzung optimalen Bodenaufbau.

So funktioniert es

1. Als Erstes überlegen wir, ob Rasen, auch Kräuterrasen, wirklich gebraucht wird. Die Sommer werden trockener, es ist eine Frage der Zeit, wie teuer Gießwasser wird und ob wir Trinkwasser überhaupt noch zum Gießen nutzen dürfen. Und ein vertrockneter Rasen ist kein schöner Anblick. Vielleicht ist eher eine Blumenwiese mit trockenheitsertragenden Arten die bessere Wahl?
2. Wir überlegen, ob der gewählte Standort für Rasen richtig ist. Manchmal ist ein leicht halbschattiger Standort in Hinblick auf den Sommer besser geeignet als der klassische Sonnenplatz. Ist zum Beispiel Bauschutt vorhanden, kann er auch mit etwas Sand oder Splitt und geeigneten Pflanzen zu einem blühenden Trockenstandort aufgewertet werden.
3. Soll es ein Rasen werden, entfernen wir Beton oder Bauschutt und fräsen den meist noch verdichteten Unterboden durch.

Gänseblümchen und Ehrenpreis blühen, wenn der Rasenmäher hoch eingestellt ist

4. Wenn es möglich ist, lassen wir die entstandenen groben Erdschollen den Winter über liegen, damit sie auffrieren und zu Krümeln zerfallen. Zumindest rechen wir die Schollen ab und modellieren die Grundform so, wie sie sein soll – mit Gefälle, eben oder als Grube.
5. Dann bauen wir eine 20 bis 30 Zentimeter dicke Schicht Boden ein, der zu einem Drittel aus Rasenquarzsand, zu einem Drittel aus Grünkompost und zu einem Drittel aus Oberboden besteht. Es kann auch etwas mehr Sand sein, denn dieser bedingt Standfestigkeit und Wasserdurchlässigkeit. Verwenden Sie nur Quarzsand mit eckiger Körnung, denn eckige Körner verkeilen, so kann Wasser dazwischen abrinnen. Spielsand eignet sich nicht, er verklebt.
6. Bevor nun die Ansaat folgt, ein paar Hinweise zum geeigneten Termin: Am besten eignen sich Frühjahr und Herbst, da besteht eine gewisse Grundbodenfeuchte und meist auch Morgentau. Je trockener eine Landschaft an sich ist, umso kleiner wird das Aussaatfenster. Wer bereit ist, zur Not auch mehrmals täglich zu gießen, kann bis in den Juni hinein säen, aber mit Risiko.

   Zum Aussaatzeitpunkt soll der Boden trocken sein, sonst kleben er und das Saatgut an Schuhen und Rasenwalze. Und bitte, bitte, es soll windstill sein. Und am Abend dann leicht regnen, am besten ein paar Tage, und das bei mindestens 15 Grad Celsius.
7. Beachten müssen wir bei der Aussaat die Menge des Saatgutes laut Angabe auf der Packung. Reiner Grassamen muss wesentlich dichter gesät werden als andere Pflanzen, etwa 30 g / m², weil ein Grashalm weniger Platz beansprucht als eine Blütenpflanze, besonders eine Rosetten bildende Pflanze. Kräuterrasenmischungen werden meist in einer Dichte von nur 2 bis 4 g / m² ausgesät. Unter »Kräuter« verstehen wir hierbei nicht Salbei, Schnittlauch und andere Küchenkräuter, sondern einfach gesagt: heimische Blütenpflanzen (botanisch gesehen ist das etwas schwieriger, spielt in unserem Zusammenhang aber keine Rolle).

Weil die Samen von Kräutern, also Blumen, oft nur so fein sind wie eine Bleistiftspitze, neigt man dazu, zu dicht zu säen. Ein Trick dazu: Saatgut gründlich durchmischen, Menge halbieren, mit ganz leicht feuchtem Sand mischen. Mit der ersten Hälfte in eine Richtung gehend aussäen, mit der zweiten Hälfte quer dazu. Kräuterrasen verwende ich für die Gestaltung lieber als reinen Grasrasen.

Eine Kräuterrasenmischung ist eine Samenmischung, die verschiedene Gräser, aber auch hübsche, niederwüchsige Kräuter wie Gänseblümchen, Gundelrebe oder Kriechgünsel enthält. Viele dieser Arten passen sich an Betreten oder Mähen so an, dass sie flach am Boden dennoch Blüten bilden. Kräuterrasenmischungen, oft auch als Blumenrasen bezeichnet, enthalten auch trockenheitsertragende Arten wie Habichtskräuter, Hornklee oder Thymian.

Die üblichen Sportplatz- oder Spielrasenmischungen enthalten dagegen ausschließlich Gräser. Meist bieten diese Mischungen zudem keine Vielfalt, sondern nur drei Grasarten, wie Rotschwingel, Wiesen-Rispengras und Deutsches Weidelgras. Im noch schlechteren Fall – vom Standpunkt des Naturgartens betrachtet – handelt es sich außerdem um gezüchtete Sorten der heimischen Grasarten. Vor der Blüte mähen wir die Gräser im Falle des reinen Grasrasens, aber selbst wenn wir sie blühen lassen, bieten sie, weil windbestäubt, Nahrung nur für ganz wenige Insektenarten. Als Fast-Monokultur sind sie darüber hinaus pflegeintensiver als ein Kräuterrasen.

Kräuterrasen eignet sich auch zur Befestigung nicht ebener Flächen, ist kostengünstig und kann einfach selbst angelegt werden. Und er eignet sich, mit der entsprechenden Pflanzenzusammensetzung, für die Begrünung von Sickermulden, einem wichtigen Baustein für unser Regenwassermanagement (siehe Seite 114).

So geht es weiter

8. Nachdem die gewählte Mischung in der richtigen Menge ausgesät ist, wird die Fläche abgewalzt. Bei kleinen Flächen und dem Fehlen einer Walze binden wir uns einfach Bretter an die Schuhe und treten die Fläche ab. Beides erfüllt den Zweck, die Rasensamen gut mit dem Boden zu verbinden. Eingraben oder das Beschütten mit Erde sind kontraproduktiv, die meisten Samen sind Lichtkeimer.
9. Dann gießen wir, und zwar – sollte es nicht regnen – in der Keimungsphase bis zu drei Mal täglich, egal, welche Saatgutmischung wir gewählt haben. Auch zarte Keimlinge von an sich trockenresistenten Pflanzen sind empfindlich. Ein gekeimter, dann trocken gewordener Same keimt kein zweites Mal, er ist tot.
10. Wollen wir den Kräuterrasen kurz halten, müssen wir verhindern, dass verschiedene seiner Bestandteile »ins Kraut schießen«, also ihre natürliche Wuchshöhe, bei manchen Arten etwa 50 Zentimeter, erreichen. Wir mähen also. Allerdings nicht so tief wie den üblichen Grasrasen, dem selten mehr als 3 bis 5 Zentimeter Höhe gegönnt werden. Ein gutes Maß ist Handbreite, je nach Vorliebe nehme ich die Hand von Enkel oder Opa. So kommen wir auf zehn bis fünfzehn Mähdurchgänge pro Jahr, abhängig von Nährstoffgehalt des Bodens, Besonnung und Regenmenge. Einzelne Inseln oder Heckenränder lassen wir dann doch »ins Kraut schießen« und in ganzer Pracht blühen, das sieht nett aus.

Pflanzen für Kräuterrasen

Eine gute Pflanzenmischung für Kräuterrasen bietet beispielsweise die Firma Rieger-Hofmann. Die Mischung enthält 21 verschiedene Kräuter, darunter zum Beispiel Kriechender Günsel, Gänseblümchen, Wiesen-Schaumkraut, Kleinköpfiger Pippau, Hornschotenklee, Frühlings-Schlüsselblume, Wiesen-Salbei oder Gewöhnlicher Thymian, und 6 verschiedene Gräser, darunter zum Beispiel Rotes Straußgras, Harter Schaf-Schwingel, Horst-Rot-Schwingel oder Platthalm-Rispengras. Der Anteil der Kräuter in der Mischung beträgt 20 Prozent, den Rest machen die Gräser aus. Die Ansaatstärke beträgt 6 g/m^2.

Diese Mischung ist ausgewogen und für viele Standorte verwendbar. Den Eigenschaften des jeweiligen Standorts wie Bodenart, Niederschlagsmenge und Beschattung folgend, entwickeln sich manche Arten besser, manche schlechter. Das bedeutet, dass keine Wiese, kein Kräuterrasen, die mit dem gleichen Saatgut angelegt wurden, einander genau gleichen. Aber die Mischung funktioniert, und das ist das Wichtigste.

Wenn wir die Möglichkeit haben, sollten wir allerdings auf die Mischungen regionaler Produzenten zurückgreifen, denn jede Landschaft hat ihre ganz speziellen Wiesen, ihre ganz speziellen Pflanzenarten, die wir erhalten, wenn wir regionale Saatgutmischungen nutzen. Erhältlich sind die passenden Mischungen im einschlägigen Fachhandel (Adressen über die Naturgarten-Vereine, siehe ab Seite 172).

Entsiegeln: mit wassergebundener Decke

Der hier dargestellte Aufbau mit einer 3 cm dicken Schicht Brechsand und einer 15 cm starken Tragschicht zeigt eine »fußläufige« wassergebundene Decke, also eine Decke, die sich zum »Zufußgehen« eignet

Eine wassergebundene Decke ist keine zu heiß gewaschene und dadurch verfilzte Hundedecke, sondern eine unbefestigte Bodenbedeckung aus gebrochenen, meist kalkhaltigen Natursteinen. Das Material wird mit Wasser gebunden, nicht mit Zement oder wie bei Asphalt mit Bitumen.

Die wassergebundene Decke eignet sich für Fußwege ebenso gut wie für Fahrwege oder Abstellplätze, nur muss der Aufbau je nach Gewicht der geplanten Nutzung entsprechend stark dimensioniert werden. Weniger gut geeignet ist sie für starke Steigungen. In jedem Fall muss auf eine fachgerechte Ausführung geachtet werden, damit das Wasser schnell genug versickert und nicht die Erde neben der wassergebundenen Decke verschlämmt, indem es seitlich von dieser abrinnt. Um auf Nummer sicher zu gehen, können wir die Ränder entlang der wassergebundenen Decke aus dem gleichen Material wie für diese ausführen, das Material aber nicht verdichten und zusätzlich 5 bis 10 Prozent Humus einarbeiten. Eine Bepflanzung mit Arten des Wegrandes wie Wegwarte, Natternkopf und Malven schenkt uns eine bunte, schmetterlingsreiche Wegbegleitung und eine zusätzliche Versickerungsstrecke.

Auch hierbei funktioniert alles am besten mit dem richtigen Aufbau.

So funktioniert es

1. Wir koffern die gewünschte Tiefe aus, etwa 18 Zentimeter für einen Fußweg. Dabei sollten wir bereits bei der Planung berücksichtigen, das Aushubmaterial möglichst vor Ort zu verwenden, zum Beispiel für einen Kräuterhügel.
2. Wir bringen schichtweise die Tragschicht auf: grobe, eckige Steine mit Feinanteilen (0/16 bis 0/32 mm Körnung), auch Gräder oder korngestuftes Mineralgemisch genannt. »0/16 Körnung« besagt, dass der enthaltene Sand 0 Millimeter groß ist – gemeint ist natürlich etwas mehr als 0 Millimeter, also etwa 0,06 oder 0,1 Millimeter – und die eckigen Steine bis zu 16 Millimeter groß sind. Die einzelnen Schichten werden mit Wasser begossen (deshalb »wassergebunden«) und verdichtet. So entsteht eine Decke aus dicht gepackten, miteinander verkeilten eckigen Körnern. Dazwischen gibt es genug Hohlräume, damit Wasser hindurchrinnen kann.

3. Dann folgt eine dünne, 1 bis 3 Zentimeter starke Deckschicht aus feinem Material wie Brechsand, Splitt oder Kiesel (2/8 mm Körnung). Bei der Verwendung eckigen Materials wird auch diese Schicht mit Wasser begossen und verdichtet. Rundkörniger Kies ist zwar wunderschön, hat aber den Nachteil, dass die Körner nicht verkeilen und deshalb bei Betritt etwas zur Seite rutschen. Rundkiesflächen müssen also häufiger glatt gerecht werden, was aber eine durchaus meditative Tätigkeit sein kann.

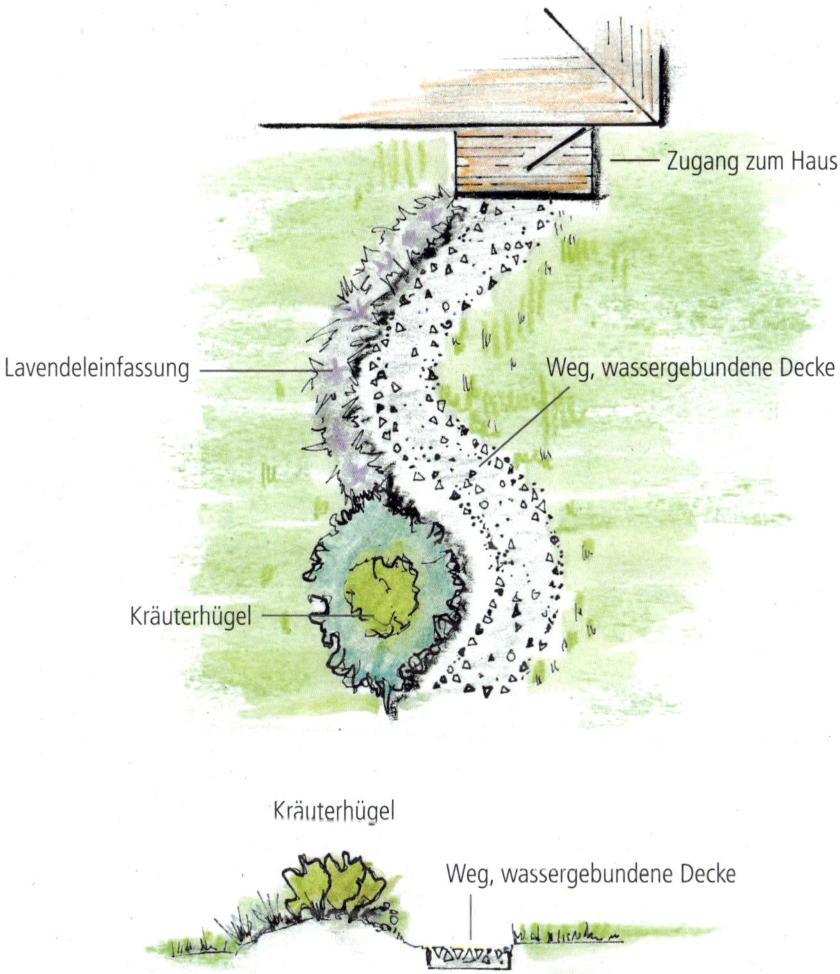

Hier wurde ein Teil des Aushubs für den Weg gleich als Kräuterhügel angeschüttet (oben: in Aufsicht, unten: im Querschnitt): Man kann solchen Aushub auch als Wall unter eine künfige Hecke schütten, so sitzen die Sträucher schon zum Beispiel 30 Zentimeter höher.

Entsiegeln: mit Schotterrasen

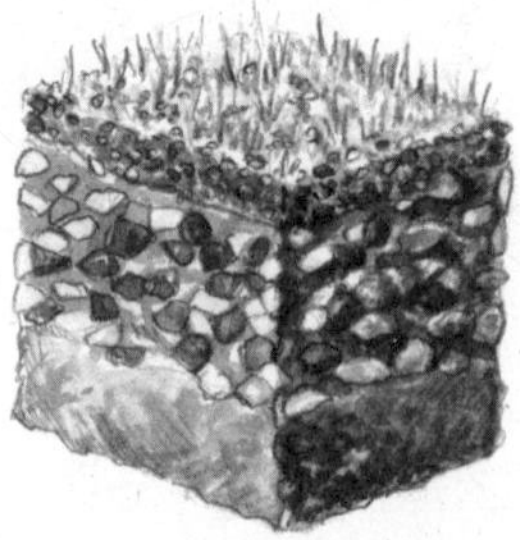

Schotterrasen: Er entsteht, wenn wir eine wassergebundene Decke begrünen

Eine wassergebundene Decke gibt sich durch ihren Belag aus Splitt oder Kies deutlich als bebaute Fläche zu erkennen. Das ist im Garten nicht immer erwünscht, besonders dann nicht, wenn die Fläche nur selten genutzt wird. Wir können die wassergebundene Decke aber auch begrünen. Bauablauf und Aufbau sind die gleichen wie bei einer einfachen wassergebundenen Decke, nur wird in die obersten 5 Zentimeter – Deckschicht und je nach deren Stärke auch in die oberste Tragschicht – etwas Humus eingemischt und obenauf Schotterrasensaatgut aufgebracht. Die Menge des eingemischten Humus entscheidet darüber, welche Pflanzen der Saatgutmischung sich durchsetzen werden. Grundsätzlich gilt: je mehr Humus, desto üppiger der Bewuchs. Allerdings: Mehr als 10 Prozent Humus sollten wir nicht einbauen, sonst siedeln sich Arten an, die mit der nährstoffarmen, wasserdurchlässigen Tragschicht nicht zurechtkommen und bei Trockenheit leicht absterben oder so kräftige Wurzeln entwickeln, dass sie die Wegedecke aufbrechen.

Der Schotterrasen eignet sich wunderbar für Flächen, die nicht zu häufig betreten oder befahren werden, dann wird es schön grün und blütenreich. An den unbetretenen Rändern können sogar höhere Arten wie Wiesen-Salbei, Lein und Labkraut wuchern. Auch bei häufigem Betritt ist der dann nicht so üppige Rasen mit gelegentlichen Blüten immer noch hübscher als eine Betonfläche.

Pflanzen für Pflasterrasen und Schotterrasen

Eine gute Pflanzenmischung für Pflasterrasen und Schotterrasen für sonnige bis leicht schattige Standorte bietet beispielsweise die Firma Rieger-Hofmann. Die Mischung enthält 35 verschiedene Kräuter, darunter zum Beispiel Acker-Gauchheil, Quendelblättriges Sandkraut, Rundblättrige Glockenblume, Kartäuser-Nelke, Scharfes Berufkraut, Frühlings-Hungerblümchen, Sonnenröschen, Kleines Habichtskraut, Kleine Braunelle, Scharfer Mauerpfeffer oder Arznei-Thymian, und 7 verschiedene Gräser, darunter zum Beispiel Rotes Straußgras, Fieder-Zwenke, Harter Schaf-Schwingel oder Einjähriges Rispengras. Der Anteil der Kräuter in der Mischung beträgt 30 Prozent, den Rest machen die Gräser aus. Die Ansaatstärke beträgt 4 g/m².

Bitte beachten Sie auch die zusätzlichen Hinweise zu Kräuterrasenmischungen auf Seite 99.

Entsiegeln: mit Pflasterungen

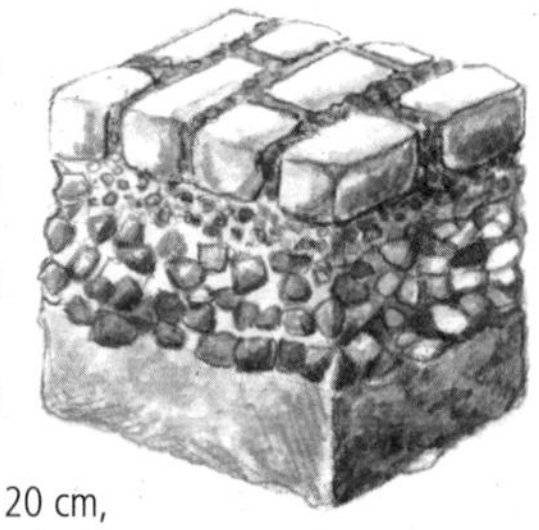

Für eine Pflasterung können wir unterschiedliche Steine, Klinker oder auch Holz verwenden. Die Fugen können wir begrünen.

Pflasterungen können aus verschiedenen Materialien hergestellt werden, gemeinsam ist ihnen der Unterbau, das Bett, in dem das Pflaster verlegt wird. Dieses Bett besteht aus einer Tragschicht wie für eine wassergebundene Decke. Darauf folgt eine Schicht Pflastersplitt (2/5 mm Körnung). Die Dicke dieser Splittschicht hängt von der Höhe des Pflasters ab: je größer die Pflastersteine, desto stärker die Splittschicht. In die Splittschicht werden die Pflastersteine mit einem Gummihammer hineingeklopft. Gut eignen sich einerseits würfelförmige Quader wie Granitkleinsteine mit rundherum gleich langen Kanten von 7 bis 10 Zentimeter Länge oder auch das klassische Kopfsteinpflaster mit etwa 15 Zentimeter Kantenlänge. Auch Klinker eignen sich. Klinker sind Ziegel, die bei so hohen Temperaturen gebrannt werden, dass die Poren des Brenngutes geschlossen werden, sodass die Klinker kaum Wasser aufnehmen und deshalb sehr widerstandsfähig und frosthart sind.

Klinker oder auch alte, mehrfach gebrannte Ziegel oder andere kleine Platten sollte man auf stark begangenen Wegen nicht flach im Splitt verlegen, sondern aufstellen. Bei Klinker dient dann die etwa 7 × 15 Zentimeter große Seite als Trittfläche. Bei Mischpflasterung kann man die Kleinplatten auch an den selten begangenen Rändern der Fläche verlegen.

Der Abstand zwischen den Pflastersteinen oder Platten hängt von deren Größe ab: je kleiner der Stein, desto kleiner die Fuge, damit der Stein beim Betreten nicht wackelt. Für Kleinsteine mit einer Kantenlänge von 7 bis 10 Zentimetern wählen wir eine Fugenbreite von maximal 1 Zentimeter. Große, schwere Platten können auch mit 2 bis 5 Zentimeter breiten Fugen oder im Schrittabstand verlegt werden, weil sie allein durch ihr Eigengewicht stabil bleiben.

Zum Schluss wird Sand in die Fugen zwischen die Pflastersteine gekehrt und eingeschlämmt, also gewässert. Die Fugen sind auf diese Weise wasserdurchlässig. Sie können auch begrünt werden, am besten mit Schotterrasensaatgut. Die Befürchtung, dass die Pflanzenwurzeln die Pflastersteine aus der Splittschicht herausdrücken könnten, ist unbegründet, da sich in dem mageren Substrat nur nicht verholzende Stauden mit nicht sehr kräftigen Wurzeln halten können. Obwohl Wasser in unbepflanzten Fugen schneller versickert, bietet Bewuchs doch einen schönen Anblick.

Pflastern können Sie mit vielen verschiedenen Materialien aus natürlich entstandenem Gestein, gewachsenem Holz oder von Menschen erzeugten Produkten wie Klinkern oder Betonsteinen. Gerade aus Beton gibt es unzählige Varianten an Formen, Farben und Mustern. Auch aus Kunststoff gibt es Rasenwaben zur Bodenbefestigung, wobei Beton und Kunststoff nicht wirklich in unser naturnahes Konzept passen, es sei denn, sie sind vor Ort vorhanden oder als Recyclingprodukte günstig und über kurze Wege verfügbar.

Rasengittersteine aus Beton, wie sie häufig verwendet werden, sind im Naturgarten nicht die erste Wahl, werden sie doch unter hohem Energieaufwand und Landschaftsverbrauch – Gewinnung von Sand und Zement – neu hergestellt.

Wenn wir es ökologisch und ethisch richtig machen wollen, dann so:

- Wir verwenden keinen Billiggranit, Billigschiefer oder anderes Gestein, das unter menschenverachtenden Bedingungen in den sogenannten Entwicklungsländern oder Schwellenländern abgebaut wurde und weite Entfernungen unter hohem Kohlendioxidausstoß zurückgelegt hat.
- Wir legen Wert auf regional abgebaute Steine, sie passen in unsere Landschaft, müssen nicht weit transportiert werden und schaffen Arbeitsplätze für unsere Nachbarn.
- Wunderbar eignet sich auch gebrauchtes Material, wie Abbruch von alten Steinhäusern oder Pflasterung von durch Asphalt ersetzten öffentlichen Pflasterwegen.
- Besonders schön ist das durch oft jahrzehntelange Nutzung abgetretene Katzenkopfpflaster. Das ist ökologisch richtig und hat häufig bereits eine schöne Patina.
- Auch der Betonbruch von alten Plätzen und Mauern lässt sich gut wiederverwenden, besonders wenn er ohnehin vor Ort vorhanden ist, weil wir alte Mauern oder Wege abgerissen haben. Hier ein kleiner Trick zur schnelleren »Patinierung« solcher Betonbruchstücke: Wir pinseln sie mit Buttermilch ein, das fördert die Ansiedelung von Moosen oder Flechten.
- Vorhandene, oft ganz unterschiedliche Materialien oder gesammelte Reste lassen sich mit etwas künstlerischem Geschick originell kombinieren. Wir gestalten so einen absolut individuellen, einzigartigen Platz oder Weg.

Auch mit Holz können wir pflastern, denn Holzklötze (»Holzstöckl« auf Österreichisch) lassen sich wie Pflastersteine ins Splittbett einbauen. Aus ökologischen Gründen verwenden wir keine imprägnierte Ware, weil sich die Imprägnierung, oft Kupfersalze, ins Grundwasser auswäscht. Geeignet sind robuste Hölzer wie Eiche, Lärche, Kastanie oder Robinie. Auch bei Holz sollten wir, selbst wenn es sich grundsätzlich um heimische Baumarten handelt, hinterfragen, woher die Ware tatsächlich kommt.

Mit verschiedenen übrig gebliebenen Pflastersteinen lässt sich eine schöne und regendurchlässige Mischpflasterung gestalten

Eine weitere Art, Holz als Bodenbedeckung im Garten zu verwenden, ist in Form von Decks oder Rosten. Diese eignen sich gut für Terrassen und andere ebene Flächen, nicht jedoch für Schrägen. Höhenunterschiede werden mit Treppen überwunden. Die Decks sind wasserdurchlässig, weil Fugen zwischen den einzelnen Elementen, meist Brettern oder auch Kassetten, sind. Unter den Decks ist üblicherweise eine Schicht Gräder, also grobe, eckige Steine mit Feinanteilen, oder Rundkies aufgeschüttet, dort versickert das Wasser. Erde eignet sich in diesem Fall nicht so gut, weil darin Pflanzen sprießen, die durch die Fugen ans Licht streben und uns bei der Benutzung des Decks, zum Beispiel als Liegefläche, wohl eher stören würden.

In Kürze: Entsiegeln

In den Industrieländern sind zu viele Flächen versiegelt, sodass Regenwasser die Grundwasserspeicher nicht genügend auffüllen kann, sondern direkt über das Kanalnetz in die Flüsse und ins Meer abrinnt. Die Grundwasserspeicher werden immer kleiner, dafür kommt es zu häufigeren Überschwemmungen. Jeder noch so kleine Beitrag zur Entsiegelung im eigenen Umfeld hilft deshalb gegen Überschwemmungen und wirkt dem Schwinden der Grundwasserspeicher entgegen. Statt Asphalt oder Beton im Garten verwenden wir:

- *Kräuterrasen,*
- *wassergebundene Decken, auch mit Schotterrasen,*
- *verschiedene Pflasterungen aus Recyclingmaterialien oder Naturstein mit begrünten Fugen oder*
- *Holz als Pflaster oder Deck.*

So ein schmaler Sickergraben findet in jedem Garten Platz und trägt schöne Blüten, zum Beispiel vom Echten Labkraut und Gilbweiderich

Regenwasser versickern lassen

Im vorigen Abschnitt haben wir unseren Garten entsiegelt, für den auftreffenden Regen offene Flächen geschaffen. Im folgenden Abschnitt werden wir uns mit den Dachwässern beschäftigen. Diese kommen über die Dachrinne gesammelt von einer großen Fläche. Wir können auf folgende Arten damit umgehen:

- speichern, um das Wasser zu nutzen (siehe ab Seite 62),
- versickern lassen, um es dem Grundwasser zuzuführen und
- eine Kombination aus beidem.

Warum es sinnvoller ist, Dachwässer am eigenen Grund versickern zu lassen, als sie einfach in den Kanal zu leiten, können Sie ab Seite 20 lesen. Wie und womit wir das tun, damit beschäftigen sich die nächsten Seiten.

Es gibt unterschiedliche Versickerungselemente, die ich im Folgenden kurz vorstellen möchte, um Ihnen die Entscheidung für das jeweils richtige Element zu erleichtern. Wesentlich ist auch die richtige Berechnung der anfallenden Wassermenge, um zu beurteilen, ob die vorhandene Bodenart und Fläche ausreichen, um die gesamten Dachwässer vor Ort versickern zu lassen, und welches die richtige Methode dafür ist. Bei kleinen Gärten ist zum Beispiel Flächenversickerung nicht möglich, eine Kombination aus Sickerteich und mehreren Sickermulden aber sehr wohl. Bei der nicht unüblichen Kombination »relativ großes Reihenhaus mit Minigarten« werden wahrscheinlich nicht die gesamten Dachwässer versickern können, eventuell muss der »Ertrag« der einen Dachseite in solch einem Fall doch in den Kanal geleitet werden. Oder man leistet sich eine Zisterne mit nicht abgedichtetem Boden, in der das Wasser länger für die Versickerung brauchen darf.

Vor dem Bau eines Versickerungselementes ist es außerdem immer sinnvoll, zunächst einen Versickerungsversuch zu machen, um festzustellen, wie gut oder schlecht unser Boden Wasser versickern lässt.

Versickerungsversuch

Ein gewachsener Boden besteht unter anderem aus Poren und Hohlräumen (siehe auch Seiten 37 und 42). Durch diese kann auftreffendes Regenwasser sickern – schneller bei steinreichen Böden mit großen Hohlräumen, langsamer bei dichten, schweren Böden mit vielen Feinporen. Grundsätzlich ist es gut für uns, wenn die abgeleiteten Dachwässer schnell im Boden verschwunden sind. Allerdings erfüllt die langsame Sickerung auch den Zweck der Wasserreinigung. Verunreinigungen bleiben mechanisch und chemisch im Boden »hängen« und landen dadurch nicht im Grundwasser. Das ist gut, schließlich ist das Grundwasser unser künftiges Trinkwasser.

Nur ein ausreichend wasserdurchlässiger Boden taugt für eine Versickerungsfläche oder Sickermulde. Auch um sicherzugehen, dass durch unseren Garten keine sperrende Bentonitschicht, also eine Schicht wasserundurchlässiges Material, läuft, sollten wir vor dem Bau einen Versickerungsversuch machen. Dabei ermitteln wir die Menge Wasser, die in einem bestimmten Zeitraum versickert.

Wir brauchen

- Spaten, Schaufel und wenn wir Pech haben, eine Spitzhacke
- Zollstock (möglichst kein Maßband)
- Klebeband, Papier und Stift
- Uhr
- 4 kurze Holzpflöcke
- 1 Holzpflock oder 1 Metallstange, etwa 1 Meter lang
- Hammer
- etwa 10 Kilogramm Kies oder Splitt
- Wasser

So funktioniert es

1. Wir überlegen, in welchem Teil des Gartens Platz für ein Versickerungselement, zum Beispiel eine Sickermulde, ist, und versichern uns, dass dort keine Leitungen durch den Boden führen. Dort stecken wir mit den Holzpflöcken ein etwa 50 × 50 Zentimeter großes Quadrat ab.
2. Falls wir im Bereich eines Rasens arbeiten, stechen wir Rasenziegel ab und lagern sie liebevoll an der Seite, um sie später wieder einzubauen. Bei Sonne gönnen wir ihnen ein Schattenplätzchen.

3. Wir heben nun innerhalb des 50 × 50 Zentimeter großen Quadrates eine Grube aus. Wie tief? So tief wie der Oberboden plus etwa 20 Zentimeter. Den Oberboden erkennen wir an seiner dunkleren Färbung, bedingt durch die Anteile an Humus. Wenn wir den ursprünglichen Zustand später wiederherstellen wollen, sollten wir die verschiedenen Bodenschichten auf Vlies oder Folie getrennt voneinander lagern.
4. Meist hat unsere Grube eine Tiefe von etwa 50 Zentimetern. Wir machen die Sohle der Grube möglichst eben und bedecken sie mit einer etwa 2 Zentimeter dicken Schicht Splitt, damit der Boden später nicht verschlämmt wird.
5. Nun schlagen wir den langen Pflock in einer der Ecken senkrecht ein und befestigen den Maßstab mithilfe des Klebebandes so daran, dass die Null am Grubenboden ist.
6. Wir füllen Wasser in die Grube bis zur Unterkante des Oberbodens, ohne dabei die Wände abzuschwemmen.
7. Jetzt gehen wir ein Bier trinken, aber nur eines, oder Kaffee oder was auch immer, wir haben es uns redlich verdient.
8. Nach einer halben Stunde kommen wir zurück und der Boden ist nun ausreichend für den eigentlichen Versuch durchfeuchtet. Ein trockener Boden würde unser Versuchsergebnis verfälschen, weil er Wasser schneller aufnimmt als ein feuchter Boden. Wir füllen die Grube erneut bis zum Oberboden mit Wasser.
9. Wir lesen die Füllhöhe am Maßstab ab und tragen sie ebenso wie die Uhrzeit in die vorbereitete Tabelle ein. Ein Beispiel für eine einfache Tabelle für diesen Zweck finden Sie auf der gegenüberliegenden Seite.
10. Das Ablesen und Eintragen der Daten wiederholen wir nach einer halben Stunde (nein, diesmal kein Bier mehr).
11. Ist der Wasserstand mehr als 2 Zentimeter gesunken, haben wir Glück gehabt, wenn nicht, warten wir nochmals 1 ½ Stunden. Ist danach noch immer nichts versickert, so ist der Boden für Versickerung ungeeignet.
12. Da wir gründliche Menschen sind, wiederholen wir den Versuch.
13. Die Auswertung des Versuches bringt uns die Versickerungsgeschwindigkeit.

Auswertung des Versickerungsversuchs – anhand unseres Beispiels

Der erste Versuch hat ergeben, dass 4 cm (40 mm) pro halbe Stunde versickert sind. Der zweite Versuch hat 3 cm (30 mm) ergeben. Daraus bilden wir den Mittelwert: 4 cm + 3 cm =7 cm, dividiert durch 2 = 3,5 cm. Das heißt eine durchschnittliche Versickerung von 3,5 cm, also von 35 mm (= Liter) / m^2 pro halbe Stunde.

Auf Seite 24 haben wir uns mit den Wassermengen beschäftigt, die ein Starkregen bringen kann. Diese Mengen werden in Liter oder Millimeter angegeben und beziehen sich auf einen Zeitraum von 15 Minuten.

Tabelle zur Auswertung des Versickerungsversuchs

Bei den eingetragenen Uhrzeiten und Wasserständen handelt es sich um Beispiele.

	Anfangswerte (abgelesen)	nach 30 Minuten (abgelesen)	nach 120 Minuten (abgelesen)	Auswertung: Versickerung nach 30 Minuten	Auswertung: Versickerung nach 120 Minuten
Uhrzeit	t_0: 16:00 Uhr	t_{30}: 16:30 Uhr	t_{120}: 18:00 Uhr	$t_{30} - t_0 =$ 30 Minuten	$t_{120} - t_0 =$ 120 Minuten
Wasserstand	h_0: 20 cm	h_{30}: 16 cm	h_{120}: 5 cm	$h_0 - h_{30} =$ 4 cm	$h_0 - h_{120} =$ 15 cm

nach der Broschüre: »Regenwasserversickerung – Gestaltung von Wegen und Plätzen. Praxisratgeber für den Grundstückseigentümer«, Bayerisches Landesamt für Umwelt, 2015

Beides zusammengebracht ergibt Folgendes:

Wir rechnen im Beispiel mit einem 5-jährlichen Starkregen von 17,1 Liter (oder Millimeter) pro Quadratmeter innerhalb von 15 Minuten. Diesen 5-jährlichen Starkregen haben wir zuvor beim Wetterdienst erfragt. Unser Boden lässt 35 mm / m² (35 l / m²) innerhalb von 30 Minuten versickern, umgerechnet sind das 17,5 l / m² innerhalb von 15 Minuten (35 Liter dividiert durch 2).

Wir wissen also jetzt, dass unser Boden den auftreffenden Starkregen gerade so durchsickern lässt. Das bedeutet aber auch, dass der ebene Boden keine zusätzlichen Dachwässer mehr aufnehmen kann. Hierfür brauchen wir eine Sickermulde.

Wie groß muss diese nun sein, um unsere Dachwässer aufnehmen und an den Boden weitergeben zu können?

Gehen wir in unserem Beispiel von einem Dach mit 100 m² Entwässerungsfläche aus, so rinnen von diesem Dach innerhalb von 15 Minuten Starkregen 1710 Liter Wasser ab, das sind 1,71 m³. Für diese rund 1,7 m³ muss in der Mulde Platz für eine Zwischenspeicherung geschaffen werden. Unter Berücksichtigung eines Sicherheitspolsters gehen wir von 2 m³ aus. Das ist zum Beispiel ein Quader mit einer Breite von 1 m und einer Länge von 2 m, also einer Grundfläche von 2 m², sowie einer Tiefe von 1 m.

So tief wollen wir allerdings meistens nicht gehen, denn wenn die Einstautiefe der Sickermulde mehr als 30 cm beträgt, braucht das Regenwasser so lange zur vollständigen Versickerung, dass die Bodenporen des Filterbodens etwas verschlämmen, was zu einer noch langsameren Versickerung führt.

Außerdem kann es passieren, dass in solch einem Fall die wassergesättigten, senkrechten Wände unserer Grube einstürzen. Arbeiten wir, zum Beispiel aus Platzgründen, dennoch mit senkrechten Wänden, sollten wir diese mit aufgeschichteten

Steinen, Holzbrettern oder Holzbalken abstützen (siehe auch Seite 114 und Illustration Seite 113). Ein 1 m tiefes Becken mit senkrechten Wänden kann auch zur Gefahr für Kinder und Tiere werden, deshalb bauen wir auf jeden Fall an einer Seite eine schräge Leiter oder einen schrägen Baumstamm zum Hinausklettern ein.

Soll die Mulde in unserem Beispiel also nicht 1 m, sondern nur 30 cm tief sein und schräge Wände haben, entspricht dies einer Fläche von etwa $2 \times 5\,m = 10\,m^2$. Allerdings müssen wir noch den direkt vom Himmel auf die Mulde treffenden Regen bedenken und die Möglichkeit, dass es länger als 15 Minuten regnen könnte, und noch einige andere Umstände. Ziemlich kompliziert!

Wie lässt sich die Wasserdurchlässigkeit des Bodens bewerten?

mittlere Versickerungshöhe	Wasserdurchlässigkeit des Bodens
Dauer des Versuchs: 30 Minuten	
< 20 Millimeter	Versuch mit 120 Minuten durchführen
20 – 40 Millimeter	gering
40 – 80 Millimeter	mittel
> 80 Millimeter	gut
Dauer des Versuchs: 120 Minuten	
< 40 Millimeter	zu gering
40 – 120 Millimeter	gering
> 120 Millimeter	mittel
Umrechnung auf eine Versickerungsdauer von 15 Minuten*	
< 10 Millimeter	zu gering
10 – 20 Millimeter	gering
> 20 Millimeter	mittel

* Rechenweg: Die ermittelte Versickerungshöhe bei 30 Minuten beziehungsweise 120 Minuten wird durch 2 beziehungsweise 8 geteilt und die jeweils größere Versickerungshöhe der beiden Versuche zur Bewertung der 15-minütigen Versickerung herangezogen. Die Bewertung der Bodendurchlässigkeit bei 15 Minuten ergibt sich aufgrund dieser Mittelung und bezieht sich auf eine eher langsame Versickerung. So berücksichtigt man, dass Wasser in den ersten 15 Niederschlagsminuten im trockenen Boden schneller versickert als später im wassergesättigten Boden.

Aber zum Glück gibt es erprobte Faustformeln, die wir, immer etwas nach oben aufgerundet, anwenden können. Sie verraten uns auch ohne aufwendige Berechnungen, wie sich die im Versickerungsversuch ermittelte Wasserdurchlässigkeit des Bodens bewerten lässt und wie groß unsere Versickerungsanlage bei einer bestimmten Wasserdurchlässigkeit des Bodens und einer bestimmten Menge Starkregen sein sollte.

Zuerst bewerten wir die im Versickerungsversuch erhobene Durchlässigkeit des Bodens: von »zu gering« bis »gut«, siehe Tabelle auf der gegenüberliegenden Seite.

Dann suchen wir auf Grundlage des erfragten Starkregens unserer Region und der ermittelten Wasserdurchlässigkeit unseres Bodens den Platz in der Tabelle »Wie groß sollte die Sickermulde sein?« – siehe unten.

In unserem Beispiel haben wir im Versickerungsversuch eine geringe Wasserdurchlässigkeit ermittelt (35 mm innerhalb von 30 Minuten oder 17,5 mm innerhalb von 15 Minuten). Der erfragte Starkregen beträgt 17,1 mm / m².

Aus der folgenden Tabelle können wir dann entnehmen, dass die Fläche unserer Sickermulde 15 % der Entwässerungsfläche, also 15 m² (100 m² × 0,15), betragen sollte.

Wie groß sollte die Sickermulde sein?

Größe der Sickermulde*		
Bodendurchlässigkeit	Starkregen**: 16 – 18,5 l / m² innerhalb von 15 Minuten	Starkregen**: 18,5 – 27 l / m² innerhalb von 15 Minuten
zu gering	keine Sickermulde	keine Sickermulde
gering	15 % der Entwässerungsfläche	20 % der Entwässerungsfläche
mittel	12 % der Entwässerungsfläche	15 % der Entwässerungsfläche
gut	10 % der Entwässerungsfläche	12 % der Entwässerungsfläche

* Größe der Sickermulde bei einer Einstauhöhe von 30 cm in % der Entwässerungsfläche (Dachfläche)
** 15 Minuten andauernder Starkregen, der statistisch gesehen alle 5 Jahre auftritt, gemessen in l / s / m² mit 20 % Puffer

Flächenversickerung

Bei der Flächenversickerung werden Dachwässer auf eine offene Fläche, zum Beispiel eine Wiese, abgeleitet, um dort zu versickern. Das funktioniert nur, wenn eine ausreichend große Fläche vorhanden ist und der Boden in der Lage ist, mehr Regen aufzunehmen, als Niederschlag auf ihn fällt. Das ist bei eher sandigen, wasserdurchlässigen Böden der Fall. Tonböden oder Lehmböden eignen sich nicht für die Flächenversickerung. Als Richtgröße für die Versickerungsfläche gilt eine Fläche von 25 bis 100 Prozent der Dachfläche, von der das Wasser abgeleitet wird. Eine Berechnung mit Beispiel gibt es ab Seite 130.

Die Vorteile sind, dass kein Boden bewegt werden muss und keine extra Bauwerke benötigt werden. Der Nachteil ist dagegen, dass nicht immer entsprechend große Flächen zur Verfügung stehen.

Muldenversickerung

Bei der Muldenversickerung wird vom Dach kommendes Wasser in einer Bodenmulde zwischengespeichert, wo es langsam durch den gewachsenen Boden gefiltert versickern kann. Das hat mehrere Vorteile:

- Die Muldenversickerung benötigt weniger Platz als die Flächenversickerung: etwa 10 Prozent der Dachfläche bei guter Bodendurchlässigkeit, etwa 20 Prozent der Dachfläche bei schlechter Durchlässigkeit. Eine Berechnung mit Beispiel gibt es ab Seite 130.
- Für ein Dach können auch mehrere Mulden an unterschiedlichen Plätzen im Garten angelegt werden, sodass sich die Versickerungselemente möglichst harmonisch in die Gartengestaltung einfügen und nicht unbedingt eine einzige große Fläche nötig ist.
- Mulden können leicht selbst gebaut werden.
- Es werden keine Ressourcen für Beton oder Kunststoff verbraucht.
- Es gibt zahlreiche Gestaltungsmöglichkeiten mit bunten Hochstauden, als Blumenwiese, in Kombination mit Teich, als Überlauf für die Zisterne, als mäandrierender Bach ...
- Durch den Bodenaufbau bietet die Mulde eine gute Reinigungsleistung für verschmutzte Dachwässer.

Hier folgt nun die Anleitung zum Selbstbau einer Sickermulde. Es empfiehlt sich, diese Bauanleitung zunächst flott durchzulesen, damit Sie einen Eindruck bekommen, welcher Aufwand auf Sie zukommt. Als Nächstes widmen Sie sich dem Versickerungsversuch (siehe ab Seite 107) und den entsprechenden Berechnungen. Und dann kann's losgehen: Spaten geschultert, ein Lied auf den Lippen ...

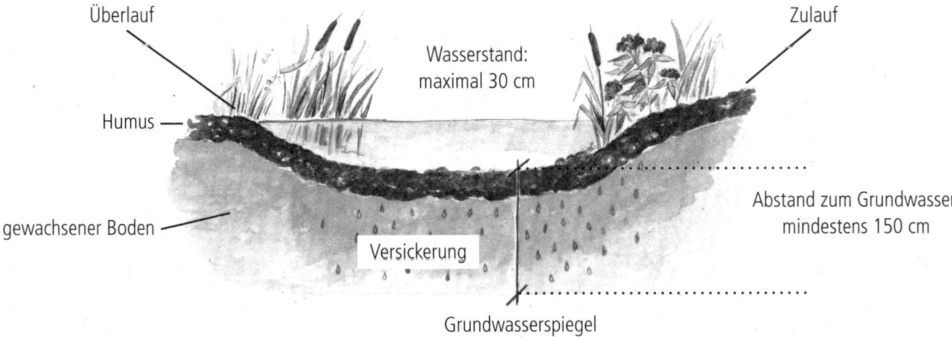

Schnitt durch eine Sickermulde

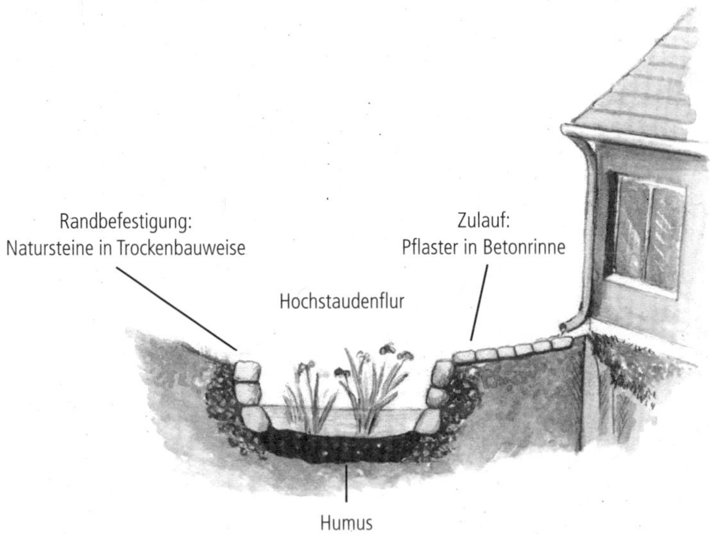

Sickermulde mit befestigten Seitenwänden

So funktioniert es

1. Berechnung des Flächenbedarfs mit Hilfe eines Versickerungsversuches (siehe ab Seite 107) und der Berechnungstabellen (siehe Seiten 110 und 111).
2. Auswahl des Standortes unter Berücksichtigung folgender Aspekte:

➤ Der Abstand zum Haus sollte mindestens 2 Meter betragen, um nicht in den Keller zu versickern. Die Mulde sollte aus demselben Grund etwas tiefer als das Erdniveau des Hauses liegen.

➤ Der Überlauf, das heißt die niedrigste Kante der Mulde, sollte vom Haus wegführen, dabei aber nicht den Nachbarn überschwemmen (Einhaltung der örtlichen Vorschriften, Richtwert: 3 Meter Abstand zur Grundstücksgrenze).

- Oft reicht der Platz nicht für eine einzige große Sickermulde, wohl aber für mehrere kleine Mulden, die entweder getrennt von den verschiedenen Dachseiten gespeist werden oder über ein Kaskadensystem ineinander übergehen.
- Der Platz muss für eine Neigung der Muldenseiten von idealerweise 1:3, maximal aber 1:2 reichen. Diese Neigung erreichen wir, wenn wir nach einer Strecke von 1 Meter beziehungsweise etwa 70 Zentimetern eine Tiefe von etwa 30 Zentimetern erreichen. Diese Neigung sorgt dafür, dass der Hang nicht nachrutscht. Möchten Sie die Seiten aus Platzgründen steiler machen, sollten Sie diese mit einem Trockenmauerwerk oder einer Holzverschalung abstützen (siehe Illustration Seite 113).

3. Abstecken der berechneten Fläche mit kurzen Pflöcken und Herstellen eines ebenen Niveaus mithilfe einer Schnurwasserwaage (siehe gegenüberliegende Seite).
4. Abgraben der Überlaufseite auf etwa 5 Zentimeter unter das ermittelte ebene Niveau.
5. Abstechen der bewachsenen Humusschicht. Diese ist deutlich an der dunklen Färbung erkennbar. Wollen wir die Mulde anschließend mit Stauden bepflanzen oder ansäen (siehe Pflanzenliste ab Seite 117), kompostieren wir die Rasensoden und lagern den dunklen Humus seitlich, damit wir ihn im weiteren Bauverlauf wieder einbauen können (siehe Arbeitsschritt 7).

   Die Größe der Mulde wird bedingt durch die maximale Tiefe und die Böschungsneigung, da wir nicht steiler böschen wollen als höchstens 1:2. Damit das Wasser nicht zu lange in der Mulde steht, den Boden dadurch verschlämmt und den Luftaustausch verhindert, gilt als Richtwert eine Muldentiefe von nicht mehr als 30 Zentimetern.

   Je nach Größe und Tiefe der Mulde wird ausgehobene Erde übrig bleiben. Diese können wir für eine neue Gartengestaltung wie einen Spielhügel oder Kräuterhügel oder einen Heckenwall zur Straße verwenden. Soll in der Mulde wieder Rasen wachsen, können die Rasensoden seitlich gelagert und später wieder eingebaut werden. Wir achten auf Austrocknung bei warmem Wetter, gießen die Soden und decken sie mit einem Vlies oder einer Plane ab.
6. Abgraben der Böschungen im Verhältnis 1:3 (maximal 1:2), siehe oben.
7. Begrünung: Entweder bringen wir die seitlich gelagerten Grassoden wieder auf, walzen oder treten sie fest und gießen sie. Die zweite Möglichkeit ist, den seitlich gelagerten Humus in einer Schichtdicke von 20 bis 30 Zentimetern aufzubringen und anschließend Hochstauden zu pflanzen oder eine passende Saatmischung anzusäen (siehe Pflanzenliste ab Seite 120). Zwecks gestalterischer Vielfalt können Sie auch Rundkies oder größere Zierkiesel einbringen.
8. Anschluss der Sickermulde an das Dachwasser (siehe Seite 83 und ab Seite 128).

Arbeiten mit der Schnurwasserwaage

Die Schnurwasserwaage ist eine geniale Erfindung für alle Messarbeiten im Garten, bei denen wir Punkte mit der selben Höhe markieren wollen. Sie besteht aus einer dünnen roten Schnur und einer etwa 8 Zentimeter langen Wasserwaage, die mit kleinen Haken überall an der Schnur eingehängt werden kann. Wir schlagen Pflöcke an den zu markierenden Orten ein, binden das eine Schnurende an einem der Pflöcke in der gewünschten Höhe fest (und halten die Schnur dort auch fest, sonst verrutscht sie). Ein Helfer spannt die Schnur ungefähr waagrecht zum zweiten Pflock, hängt die Wasserwaage in der Schnur ein und bewegt die Schnur samt Wasserwaage so lange vorsichtig am zweiten Pflock hinauf oder hinunter, bis sich die Libelle (die kleine Luftblase in der Wasserwaage) in der Mitte befindet. Somit haben wir am zweiten Pflock dieselbe Höhe ermittelt wie am ersten Pflock. Schnurwasserwaagen sind zum Beispiel im Baumarkt oder im Handel für Handwerksbedarf erhältlich.

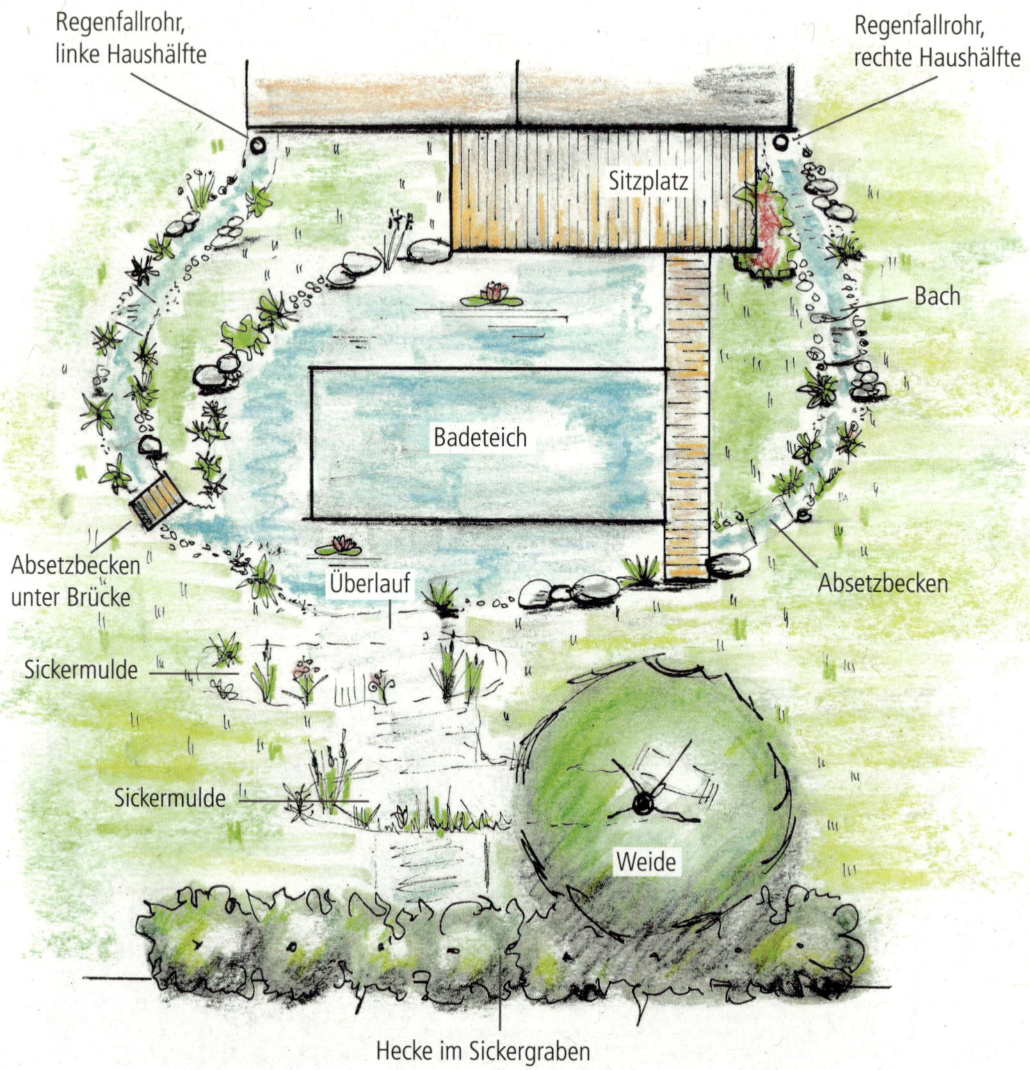

In diesem Garten werden Dachwässer von beiden Seiten über zwei bepflanzte lange »Bach«-Läufe in die Pflanzenzonen des Teichs eingeleitet. Dies allerdings erst, nachdem der Teich im vierten Jahr schon gut eingespielt ist. Vom Überlauf des Teiches gelangen überschüssige Niederschläge in die zwei Sickermulden. In einer wächst eine Weide, die sich über jedes zusätzliche Wasser freut. Sollte es noch weiter regnen, so wird auch noch die Hecke im Sickergraben bewässert.

Pflanzen für Sickermulden

Grundsätzlich können Sickermulden auch mit Rasen eingesät werden und wenn es die Neigung erlaubt, auch gemäht werden. Allerdings durchwurzeln Rasengräser den Boden nicht so nachhaltig wie Stauden, wodurch die Versickerungsrate um etwa 30 Prozent geringer ausfällt. Der Grund dafür ist, dass Graswurzeln feiner und gleichförmiger als Staudenwurzeln sind und auch nicht in so große Tiefen vorstoßen wie diese. Wurzeln schaffen, wenn sie absterben, neue, relativ große Poren, durch die Wasser schnell in tiefere Schichten gelangt. Außerdem nehmen Stauden durch ihr im Allgemeinen gut verzweigtes Wurzelsystem mehr Wasser auf als Gräser, speichern es in den Blättern zwischen und verdunsten es auch wieder.

Die Auswahl geeigneter Pflanzenarten ist eine spannende Sache, müssen diese Arten doch sowohl mögliche Trockenphasen aushalten als auch Zeiten, wo ihnen das Wasser bis zum Halse steht. Keine leichte Aufgabe, aber wir haben als Vorbild die große Mutter Natur. Auch in der »freien Wildbahn« gibt es ähnliche Situationen an Rändern von Bächen oder Teichen, Gräben und auf wechselfeuchten Wiesen. Dementsprechend haben sich über die Jahrtausende richtige Überlebenskünstler entwickelt. Botanisch betrachtet, nennt man diese Pflanzengesellschaften »wechselfeuchte Hochstaudenflur«.

Das Wissen um diese natürlichen Pflanzengesellschaften hilft uns bei der Zusammenstellung geeigneter Pflanzen für unsere Sickermulde. Die entsprechende Pflanzenliste ab Seite 120 ist recht umfangreich und das soll sie auch sein, denn je nach Standort und Niederschlagsmenge, also Bodendurchfeuchtung, setzen sich immer wieder andere Arten durch. Pflanzen wir in einem nassen Jahr, kann es sein, dass Arten wie Wegwarte oder Wilder Majoran »ertrinken«. In einem trockenen Jahr dagegen leiden Ufer-Wolfstrapp und Blutweiderich.

Im Folgenden einige Bemerkungen zur Pflanzenliste für Sickermulden:

1. Die folgenden Anmerkungen beziehen sich auf die Pflanzung aus Containern. Diese Topfballen haben meist eine Seitenlänge von 9 Zentimetern, abgekürzt Tb9. Mit denselben Arten ist auch eine Aussaat möglich. Je nach Wunsch können Sie aus den aufgezählten Pflanzenarten eine Auswahl treffen.
2. In der Liste finden sich nur Arten, die in Mitteleuropa heimisch und ziemlich robust sind, und keine Zuchtsorten.
3. Die Liste enthält lediglich eine Pflanzenauswahl, und wer botanisch genau arbeiten will, sollte sich mit der Flora wechselfeuchter Wiesen und Bachränder der eigenen Umgebung vertraut machen.
4. Das Wissen um die Wuchshöhe der Pflanzen ist für die Gestaltung wichtig.
5. Wie die bisherigen Pflanzenlisten enthält auch diese Liste in der rechten Spalte Hinweise auf die Lichtzahl L und die Feuchtezahl F. Zur Bedeutung dieser beiden ökologischen Kenngrößen lesen Sie bitte die Erklärungen ab Seite 72.

Die Entwicklung einer kleinen Sickermulde, die via Mini-Bachlauf aus einem Schwimmteich gespeist wird – die unteren Bilder zeigen das Beet mehrere Jahre nach der Anlage im Frühling und im Sommer

6. Je höher die Feuchtezahl, desto tiefer möchte die Pflanze in der Sickermulde stehen. Je tiefer der Platz in der Mulde, desto länger sind die Pflanzen überstaut und desto nässeertragender müssen sie sein. Unsere Auswahl sollte allerdings keine Arten enthalten, die absolut keine Trockenheit ertragen. Nehmen wir die Sommer der letzten Jahre: Ein Monat Hitze, (fast) ohne Niederschläge, folgt auf einen Monat Dauerregen. Das muss so ein Pflänzchen erst mal aushalten! Alles in allem ein nicht ganz einfacher Standort. Zum Glück halten sich die Pflanzen nicht so genau an die Vorschriften und stehen auch mal dort, wo sie eigentlich nicht hingehören. Bach-Nelkenwurz, Pfennigkraut, Baldrian oder auch Geißraute sind gute Beispiele für Feuchtpflanzen, die mitunter ganz gerne ins Trockene wandern. Weil niemand die Niederschlagsverhältnisse der nächsten Jahre vorhersagen und die Pflanzen entsprechend wählen kann, setzen wir viele verschiedene Arten in die Mulde und pflanzen jede Art in verschiedene Tiefen der Mulde. So wird sie sich am genau für sie passenden Standort auf Dauer etablieren.
7. Am natürlichsten wirkt eine sogenannte »Mischpflanzung«, bei der die Pflanzen nicht in Gruppen der gleichen Art angeordnet, sondern bunt durcheinander gemischt werden.

8. Es ist aber auch möglich, eine Sickermulde nach optischen Kriterien wie ein klassisches Staudenbeet anzulegen. Leider kann nicht einmal der beste Gärtner die örtliche Bodensituation und Niederschlagssituation hundertprozentig genau beurteilen, sodass es zu Ausfällen kommen kann, wodurch Lücken in der Gestaltung entstehen. Diese müssen dann mit anderen Arten nachbepflanzt werden. Das bedeutet Arbeit. Eine Sickermulde, die behauptet, ein Staudenbeet zu sein, braucht mehr Aufmerksamkeit und Pflege als eine Mischpflanzung.
9. Bei der Pflanzenwahl achten wir auf eine gute Mischung von Arten mit verschiedenen Wuchscharakteristika: Leitstauden oder Gerüststauden (Beispiel: Blutweiderich), Begleitstauden (Beispiel: Bach-Nelkenwurz) und Bodendecker (Beispiel: Pfennigkraut).
10. Wir setzen fünf bis acht Pflanzen pro Quadratmeter. Wollen wir ausschließen, dass sich zwischen diesen Pflanzen andere ansiedeln, decken wir die Fläche dazwischen mit einer etwa 5 Zentimeter dicken Kiesschicht ab. Das ergibt natürlich ein anderes Bild als eine Pflanzung mit Erde zwischen den Pflanzen. Letztere geht optisch in die angrenzende Wiese über. Die Variante mit Kies eignet sich besonders gut für die Kombination aus Teich und Sickermulde, den Sickerteich, bei dem Teilflächen ohnehin mit Rundkies, also Flusskieseln, die durch den Transport in Flüssen sowohl flach rundlich als auch kugelig rundlich geworden sind, abgedeckt werden (siehe Illustration Seite 67 und ab Seite 124).
11. Die Stauden lassen sich auch in eine vorhandene Wiese setzen, wenn die Muldenform passt. So können bestehende Sickermulden ökologisch aufgewertet werden. Hierfür muss die bestehende Wiese sehr kurz gemäht werden, dann für den Topf ein etwas größeres Loch gegraben werden. Das verschafft der Staude einen »Sicherheitsabstand« zu der kräftigen, alteingesessenen Wiese.
12. Auch Hochstaudenfluren wollen gepflegt werden – jedenfalls dann, wenn wir von ihnen ein optisch ansprechendes Bild erwarten. Grundsätzlich reicht eine einmalige Mahd pro Jahr aus, am besten im Herbst oder im Spätwinter vor dem Neuaustrieb. Das Mähgut wird in einer Ecke des Gartens deponiert und den natürlichen Kompostierungsvorgängen überlassen. Lehnen wir kräftige Stängel, wie zum Beispiel von Wilder Karde oder Blutweiderich, aufrecht irgendwo an, zum Beispiel an einen Zaun, dann können in den hohlen Stängeln überwinternde Insekten in aller Ruhe schlüpfen. Mahd und Abtransport verhindern eine zusätzliche Nährstoffanreicherung in der Sickermulde, ist das eingeleitete Dachwasser doch ohnehin meist voller Nährstoffe. Mit regelmäßiger Mahd verhindern wir auch die Etablierung von Gehölzen. Stören uns zugewanderte Nährstoffzeiger wie Brennnessel oder Ampfer, müssen wir sie wohl oder übel jäten.

Heimische Wildstauden für Sickermulden

Diese Liste umfasst attraktive, pflegeleichte, anpassungsfähige Arten mit einem weiten ökologischen Spektrum, Überlebenskünstler also. Zwischen die mehrjährigen Stauden können einjährige und zweijährige Arten gesät werden (einjährige und zweijährige Arten sind selten als Topfpflanzen erhältlich).

Wissenschaftlicher Name *Deutscher Name*	*Wuchshöhe* *Blütenfarbe*	*J*	*F*	*M*	*A*	*M*	*J*	*J*	*A*	*S*	*O*	*N*	*D*	*Lichtzahl** *Feuchtezahl*
Einjährige und zweijährige Stauden														
Barbarea vulgaris **Echt-Barbarakraut**	30 – 90 cm goldgelb						✿	✿						L 8 F 7
Bidens tripartita **Dreiteil-Zweizahn**	15 – 150 cm gelb							✿	✿	✿	✿			L 8 F 8
Mehrjährige Stauden														
Caltha palustris **Sumpf-Dotterblume**	10 – 30 cm goldgelb			✿	✿	✿								L 7 F 8
Pulmonaria officinalis **Echtes Lungenkraut**	10 – 30 cm rot-blau				✿	✿								L 5 F 5
Cirsium rivulare **Bach-Kratzdistel**	40 – 100 cm purpurrot					✿	✿							L 9 F 8
Euphorbia palustris **Sumpf-Wolfsmilch**	50 – 150 cm gelb					✿	✿							L 8 F 8
Geum rivale **Bach-Nelkenwurz**	20 – 60 cm rotbraun					✿	✿							L 6 F 8
Iris pseudacorus **Gelbe Schwertlilie / Wasser-Schwertlilie**	60 – 100 cm gelb					✿	✿							L 7 F 10
Iris sibirica **Sibirische Schwertlilie**	30 – 80 cm violett					✿	✿							L 8 F 8
Anthriscus sylvestris **Wiesen-Kerbel**	60 – 160 cm weiß					✿	✿	✿						L 7 F 5
Lychnis flos-cuculi **Kuckucks-Lichtnelke**	30 – 80 cm rosa					✿	✿	✿						L 7 F 6
Lysimachia thyrsiflora **Strauß-Gilbweiderich**	30 – 70 cm gelb					✿	✿	✿						L 7 F 9
Origanum vulgare **Wilder Majoran**	20 – 70 cm rosa					✿	✿	✿						L 7 F 3
Symphytum officinale **Echt-Beinwell**	30 – 100 cm violettrosa					✿	✿	✿						L 7 F 8
Rorippa amphibia **Ufer-Sumpfkresse**	40 – 120 cm gelb					✿	✿	✿	✿					L 7 F 10
Valeriana officinalis **Echter Baldrian**	30 – 60 cm blassrosa					✿	✿	✿	✿					L 7 F 8
Myosotis scorpioides (palustris) **Sumpf-Vergissmeinicht**	20 – 60 cm hellblau					✿	✿	✿	✿	✿				L 7 F 8
Ranunculus flammula **Brenn-Hahnenfuß**	15 – 50 cm hellgelb					✿	✿	✿	✿	✿				L 7 F 9

*Hinweise zur ***Lichtzahl L*** (von 1: Tiefschattenpflanze bis 9: Volllichtpflanze) und zur ***Feuchtezahl F*** (von 1: Starktrockniszeiger bis 12: Unterwasserpflanze) finden Sie ab Seite 72

Wissenschaftlicher Name *Deutscher Name*	*Wuchshöhe* *Blütenfarbe*	*J*	*F*	*M*	*A*	*M*	*J*	*J*	*A*	*S*	*O*	*N*	*D*	*Lichtzahl** *Feuchtezahl*
Veronica beccabunga **Bachbunge**	20 – 60 cm blau					✿	✿	✿	✿	✿				L 7 F 10
Acorus calamus **Kalmus**	60 – 120 cm grün						✿	✿						L 8 F 10
Allium carinatum **Kiel-Lauch**	30 – 60 cm lilapurpur						✿	✿						(L 7) (F 6)
Vicia cracca **Vogel-Wicke**	30 – 130 cm blauviolett						✿	✿						L 7 F 5
Galium sylvaticum **Wald-Labkraut**	50 – 80 cm weiß						✿	✿	✿					L 5 F 4
Geranium pratense **Wiesen-Storchschnabel**	30 – 60 cm lilablau						✿	✿	✿					L 8 F 5
Lysimachia nummularia **Pfennigkraut**	5 – 15 cm gelb						✿	✿	✿					L 4 F 6
Lysimachia vulgaris **Rispen-Gilbweiderich**	50 – 150 cm gelb						✿	✿	✿					L 6 F 8
Ranunculus lingua **Zungen-Hahnenfuß**	50 – 150 cm gelb						✿	✿	✿					L 7 F 10
Scutellaria hastifolia **Spieß-Helmkraut**	10 – 40 cm blauviolett						✿	✿	✿					L 6 F 8
Thalictrum flavum **Gelbe Wiesenraute**	50 – 120 cm gelb						✿	✿	✿					L 7 F 8
Galium album **Weiß-Labkraut**	30 – 80 cm weiß						✿	✿	✿	✿				(L 7) (F 6)
Galium verum **Echtes Labkraut**	10 – 70 cm goldgelb						✿	✿	✿	✿				L 7 F 4
Lythrum salicaria **Gewöhnlicher Blutweiderich**	50 – 160 cm kräftig purpur						✿	✿	✿	✿				L 7 F 8
Silene dioica **Rote Lichtnelke**	30 – 90 cm rot						✿	✿	✿	✿				L x F 6
Stachys palustris **Sumpf-Ziest**	30 – 100 cm purpur						✿	✿	✿	✿				L 7 F 7
Stachys sylvatica **Wald-Ziest**	60 – 100 cm purpur mit weißer Strichzeichnung						✿	✿	✿	✿				L 4 F 7
Veronica anagallis-aquatica **Blauer Wasser-Ehrenpreis**	20 – 80 cm blau						✿	✿	✿	✿				L 7 F 9
Allium angulosum **Kanten-Lauch**	30 – 60 cm hellpurpur							✿	✿					L 8 F 8
Betonica officinalis **Echte Betonie**	30 – 100 cm rot							✿	✿					L 7 F 4
Eupatorium cannabinum **Wasserdost**	50 – 150 cm rosa							✿	✿					L 7 F 7

Fortsetzung der Tabelle auf der folgenden Seite ➔

Wissenschaftlicher Name ***Deutscher Name***	***Wuchshöhe*** ***Blütenfarbe***	***J***	***F***	***M***	***A***	***M***	***J***	***J***	***A***	***S***	***O***	***N***	***D***	***Lichtzahl**** ***Feuchtezahl***
Galega officinalis **Geißraute**	60 – 120 cm lilaweiß, weiß							✿	✿					(L 8) (F 7)
Peucedanum palustre **Sumpf-Haarstrang**	50 – 150 cm weiß							✿	✿					L 7 F 9
Rumex palustris **Sumpf-Ampfer**	30 – 60 cm braunrot							✿	✿					(L 7) (F 8)
Teucrium scordium **Knoblauch-Gamander**	15 – 40 cm weiß							✿	✿					L 7 F 8
Veronica longifolia **Langblättriger Ehrenpreis**	40 – 120 cm blau							✿	✿					L 7 F 8
Achillea ptarmica **Bertram-Schafgarbe**	30 – 100 cm weiß							✿	✿	✿				L 8 F 8
Agrimonia eupatoria **Gewöhnlicher Odermennig**	30 – 100 cm gelb							✿	✿	✿				L 7 F 4
Althaea officinalis **Echter Eibisch**	60 – 130 cm helllila							✿	✿	✿				(L 7) (F 7)
Angelica sylvestris **Wald-Engelwurz**	50 – 150 cm cremeweiß							✿	✿	✿				L 7 F 8
Cirsium palustre **Sumpf-Kratzdistel**	50 – 150 cm lila, rot							✿	✿	✿				L 7 F 8
Filipendula ulmaria **Echtes Mädesüß**	50 – 150 cm weiß							✿	✿	✿				L 7 F 8
Lycopus europaeus **Ufer-Wolfstrapp**	20 – 130 cm weiß							✿	✿	✿				L 7 F 9
Mentha aquatica **Wasser-Minze**	20 – 80 cm lila							✿	✿	✿				L 7 F 9
Cichorium intybus **Wegwarte**	40 – 80 cm hellblau							✿	✿	✿	✿			L 9 F 4
Gräser														
Carex digitata **Finger-Segge**	10 – 30 cm grünlich			✿	✿	✿								L 3 F 4
Carex elata **Steife Segge**	30 – 100 cm gelbbraun				✿	✿								L 8 F 10
Carex flacca **Blau-Segge**	20 – 50 cm grünbraun				✿	✿	✿							L 7 F 6
Carex elongata **Walzen-Segge**	30 – 70 cm grünbraun					✿	✿							L 4 F 9
Carex pendula **Hänge-Segge**	70 – 150 cm gelbbraun					✿	✿							L 5 F 8
Carex pseudocyperus **Scheinzypergras-Segge**	40 – 80 cm gelbbraun					✿	✿							L 8 F 9
Carex riparia **Ufer-Segge**	60 – 120 cm gelbbraun					✿	✿							L 7 F 9
Carex flava **Große Gelb-Segge**	5 – 60 cm braun					✿	✿	✿						L 8 F 8

*Hinweise zur ***Lichtzahl L*** (von 1: Tiefschattenpflanze bis 9: Volllichtpflanze) und zur ***Feuchtezahl F*** (von 1: Starktrockniszeiger bis 12: Unterwasserpflanze) finden Sie ab Seite 72

Wissenschaftlicher Name ***Deutscher Name***	***Wuchshöhe*** ***Blütenfarbe***	*J*	*F*	*M*	*A*	*M*	*J*	*J*	*A*	*S*	*O*	*N*	*D*	***Lichtzahl**** ***Feuchtezahl***
Juncus conglomeratus **Knäuel-Binse / Knäuel-Simse**	20 – 100 cm graugrün					✿	✿	✿						L 8 F 7
Schoenus nigricans **Schwarzes Kopfried**	10 – 60 cm braunschwarz					✿	✿	✿						L 9 F 9
Cyperus longus **Langes Zypergras**	50 – 120 cm braun					✿	✿	✿	✿	✿	✿			L 8 F 10
Carex distans **Lücken-Segge**	20 – 60 cm braun						✿	✿						L 9 F 7
Deschampsia cespitosa **Rasen-Schmiele**	50 – 70 cm goldbraun						✿	✿	✿					L 6 F 7
Juncus effusus **Flatter-Binse / Flatter-Simse**	30 – 150 cm grün						✿	✿	✿					L 8 F 7
Juncus filiformis **Faden-Binse / Faden-Simse**	15 – 45 cm grün						✿	✿	✿					L 7 F 8
Scirpoides holoschoenus **Kugel-Binse / Kugel-Simse**	30 – 100 cm braun						✿	✿	✿					L 7 F 8
Juncus tenuis **Zarte Binse / Zart-Simse**	15 – 30 cm grün						✿	✿	✿	✿				L 6 F 6
Calamagrostis canescens **Moor-Reitgras**	50 – 120 cm graugrün, violett überlaufen							✿	✿					L 6 F 9

Die Gelbe Schwertlilie *(Iris pseudacorus)* nimmt viele Nährstoffe aus dem Teichwasser auf

Sickerteich

Zwar soll man all seine Kinder gleich lieben, ich gebe aber zu, dass mein Herz – jedenfalls im Bereich der Regenwassernutzung – den Sickerteichen und kombinierten Teich-Bach-Sickermulden-Systemen gehört. Sie vereinen optimal Sparen, Nutzen und Verschenken.

Ein Sickerteich hat im tieferen Bereich der Grube, dem Teichbereich, und in der darüberliegenden Pufferzone eine Abdichtung wie ein »normaler« Teich und ist ebenso bepflanzt. In diesem Bereich bleibt das Wasser stehen. Die Pufferzone ist nicht ständig mit Wasser gefüllt und dient als Gießreserve. Darüber befindet sich ein nicht abgedichteter, aber ebenfalls bepflanzter Teil, die sogenannte Sickerzone. Regnet es stark, dann füllt sich auch die Sickerzone mit Dachwasser, das in diesem Bereich durch den Boden langsam versickern kann. Der abgedichtete Bereich hält Regenwasser zurück, bietet Tieren und Pflanzen einen Lebensraum, schenkt uns ein schönes, blütenreiches Gestaltungselement und dient als Speicher für Gießwasser. Der Sickerbereich rundherum leistet alles, was auch eine Sickermulde leistet.

So funktioniert es

1. – 6. Für den Bau eines Sickerteiches richten Sie sich nach der Bauanleitung für die Sickermulde bis einschließlich Arbeitsschritt 6 (siehe ab Seite 113). Dann geht es folgendermaßen weiter:

7. Im abgedichteten Teichbereich folgt nun ein Schutzvlies (300 g / m^2, aus Polypropylen) als Schutz für die darüberliegende Teichfolie.

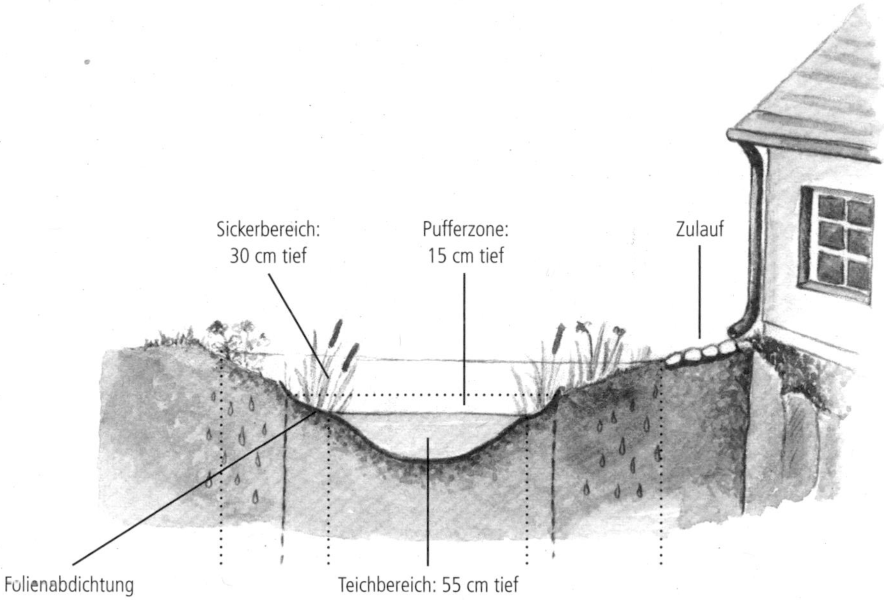

Der Sickerteich ist die ideale Kombination für Nutzen
und Verschenken des Regenwassers vom Dach

Größe und Tiefe des abgedichteten Teichbereichs hängen von der Fläche ab, die das Gesamtbauwerk haben soll. Weil die Ufer nicht steiler als 1:2 sein sollten, ergibt sich die maximale Tiefe des abgedichteten Teichbereiches durch die Gesamtfläche und die Tiefe des Sickerbereichs von selbst. Der Sickerbereich über dem abgedichteten Teichbereich sollte nicht tiefer als 30 Zentimeter sein. Bei einer Gesamttiefe von zum Beispiel 100 Zentimetern und einer Tiefe des Sickerbereiches von 30 Zentimetern ergibt sich für den darunterliegenden abgedichteten Teichbereich eine Tiefe von 70 Zentimetern. Davon dienen 15 cm als Pufferzone. Bei einer größeren Sickerteichfläche ergeben sich auch größere Tiefen für den abgedichteten Bereich.

8. Einbau einer Abdichtungsschicht: Hierfür bietet sich entweder Folie oder eine Abdichtung mit Lehm an. Als künstliches Material für die Folienabdichtung eignet sich synthetischer Kautschuk, der (relativ) umweltverträglich und bei jeder Temperatur weich ist und für den es eine funktionierende Recycling schiene gibt. Wir wählen in jedem Fall eine Folie mit einer Stärke von mehr als 1 Millimeter. Je mehr eckiges, kantiges Material wie Bauschutt oder Steine im Untergrund vorhanden ist, desto eher nehmen wir eine dickere Folie, zum Beispiel mit einer Stärke von 1,5 Millimetern.

   Alternativ zur Abdichtung mit Folie bietet sich eine Abdichtung mit Lehm an. Das funktioniert gut, wenn der Boden selbst aus Lehm besteht. Bei sandigen, wasserdurchlässigen Böden ist eine Lehmabdichtung eine unsichere Sache (siehe auch ab Seite 65).

Falls der Boden nicht aus Lehm besteht, die Abdichtung aber aus Lehm sein soll, wird die Grube für den zugeführten Lehm etwa 15 Zentimeter tiefer ausgehoben als bei einer Abdichtung mit Folie, um Raum für den Lehmaufbau zu gewinnen. Der anstehende Boden wird gewässert und mit Rüttelplatte, Stampfer oder im Notfall kräftigen Füßen verdichtet. Dann bringen wir zweimal eine jeweils etwa 10 Zentimeter dicke Schicht des seitlich gelagerten Lehms auf, den wir jeweils wässern und verdichten.

Zu bedenken ist, dass eine Lehmabdichtung in den seltensten Fällen hundertprozentig dicht ist. Hinzu kommt, dass der Lehm bei Austrocknung Risse bekommt, durch die das wieder ansteigende Wasser versickert. Unangenehm, wenn unser Ziel ein richtiger Teich mit einer bestimmten Wasserhöhe ist, aber eigentlich egal, wenn wir einen Sickerteich anstreben.

9. Bepflanzung: Der abgedichtete Teichbereich wird mit Teichpflanzen bepflanzt (siehe ab Seite 74), der Sickerbereich wird mit solchen für Sickermulden bepflanzt oder angesät (siehe ab Seite 120).
10. Zufluss des Dachwassers in den Sickerteich: Das Dachwasser wird ebenso zugeleitet, wie wir es in einen Teich oder Schwimmteich leiten würden (siehe Seiten 83 und 128).
11. Pflegemaßnahmen: Die Pflege des Sickerteichs beschränkt sich auf die Mahd beider Bereiche und auf das gelegentliche Abfischen von Laub. Aufgrund unserer Erziehung zu Sauberkeit und Ordnung würden wir im Herbst gerne schnibbeln und fischen, allein Pflanzen und Tiere hätten es gerne anders.

    Trotzdem ist es sinnvoll, Laub am Ins-Wasser-Fallen zu hindern oder es schnell wieder zu entfernen. Es würde im Wasser verrotten und Nährstoffe freisetzen, was zu einer Braunfärbung des Wassers – insbesondere bei Walnussblättern – und zu Algenbildung führt. Am besten spannt man ein zeltförmiges Teichschutznetz, das nach dem Laubfall samt Laub entfernt wird. Die Röhrichtpflanzen mit ihren hohlen Stängeln bis zum Frühjahr stehen zu lassen, ist ebenfalls sinnvoll, vor allem für die sie bewohnenden Insekten und die von den Samenständen naschenden Vögel.

Mulden-Rigolenversickerung

Die Systeme der Mulden-Rigolenversickerung und der Rohr-Rigolenversickerung (siehe unten) erhöhen die Sickerleistung einer Sickermulde. Bei beiden kommt es nicht zur Wasserspeicherung wie beim Sickerteich.

Als »Rigole« bezeichnet man einen unterirdischen Graben, um Regenwasser abzuleiten. Dieser besteht meist aus einem wasserdurchlässigen Kieskörper. Meist wird die Rigole unter einer Sickermulde angelegt, um deren Leistung zu erhöhen. Ein Kieskörper (zum Beispiel 16/32 mm Körnung) besteht zu 30 bis 50 Prozent aus Hohlräumen, in denen sich Wasser sammeln kann. Wir achten darauf, keinen Kies mit Feinanteilen zu wählen (zum Beispiel 0/32 mm Körnung), weil die Feinstoffe die Poren verstopfen, durch die das Wasser abrinnen soll. Und die Dimensionierung des Kieskörpers? Je dicker der Kieskörper desto mehr Wasser findet in den Hohlräumen Platz.

Rohr-Rigolenversickerung

Wird in der Mitte eines Rigolen-Kieskörpers ein geschlitztes Kunststoffrohr (Drainrohr oder Sickerrohr) eingebettet, nennt man das »Rohr-Rigolenversickerung«.

Das gesamte Rohrvolumen dient als zusätzlicher Wasserspeicher. Wir planen den Boden des Sickerkoffers mit Gefälle und leiten das Wasser so vom Haus weg. Ziel des Rohres ist ein Sickerschacht, eine weitere Sickermulde oder manchmal auch ein Kanal. Zur Reinigung des Wassers vor dem Einlauf des Dachwassers ins Rohr setzen wir einen einfachen Laubfang in die Rohröffnung. Verstopfte unterirdische Rohre lassen sich naturgemäß schwer reinigen.

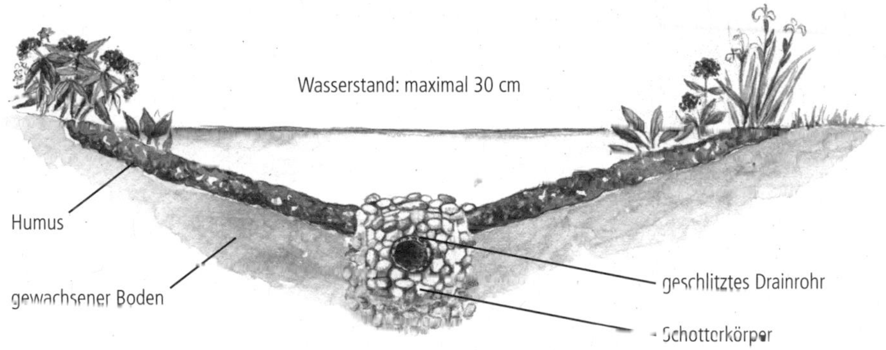

Eine Rohr-Rigole erhöht die Sickerleistung einer Sickermulde

Dieses doch recht aufwendige System verwenden wir bei schweren Böden und zur schnelleren Ableitung vom Haus weg. Gerade bei schweren, dichten Böden bleibt manchmal sogar das ganz »normal« direkt auf den Boden treffende Regenwasser eine Zeit lang stehen, ohne zu versickern. Damit es auf keinen Fall zum Hausfundament rinnt oder in dessen unmittelbarer Nähe versickert, bauen wir in solch einem Fall sicherheitshalber eine Rohr-Rigolen-Ableitung.

Grundsätzlich ist es in jedem Fall sinnvoll, das Gelände vom Haus weg zu böschen, egal, wie die Gartengestaltung aussieht.

Schachtversickerung

Die Schachtversickerung erwähne ich nur der Vollständigkeit halber. Sie ist ein technisches Bauwerk, nicht mehr leicht selbst herzustellen und nur für Notfälle, wenn eine mehr naturnahe Lösung nicht möglich ist, beispielsweise bei einem sehr kleinen Grundstück und einem großen Dach, von dem Regenwasser abzuführen ist.

Bei der Schachtversickerung werden die Dachwässer in gelochte Schachtringe aus Beton geleitet, die im Boden versenkt sind. Das Volumen der Ringe bietet einen Zwischenspeicher, aus dem das Wasser langsam weiter in den gewachsenen Boden versickert. Der oberste Schachtring ist nach oben hin bis auf den Zulauf aus der Dachrinne geschlossen. Das ist nötig, weil ein offener, oft 2 Meter tiefer Schacht eine Gefahr für Kleinkinder und Tiere darstellt. Auch reinigt sich ein unbepflanzter Wasserkörper nicht von selbst, und je nachdem, wie lange das Wasser für die Versickerung braucht, kann es zur Brutstätte für Stechmücken werden.

Zulauf zum Versickerungselement

Irgendwie muss das Wasser vom Dach zur Versickerungsanlage kommen, ohne den Keller zu fluten. Das funktioniert üblicherweise, indem es zuerst über die Regenrinne in das Fallrohr fließt und von dort in den Zulauf zum Versickerungselement.

Der unterirdische Zulauf

Der unterirdische Zulauf ist im Allgemeinen ein Rohr: Das ist sinnvoll, wenn ein befestigter Weg oder Platz unterquert werden muss oder ein direkter Anschluss an ein Drainagerohr gewünscht wird. Alles, was unter der Erde liegt, ist naturgemäß schwerer zu pflegen, wenn es verstopft. Rohre bestehen meist aus Kunststoff, wir setzen mit ihnen also Erdölprodukte in unserem Garten ein. Das sollte gut überlegt und auf die Notwendigkeit hin geprüft werden. In jedem Fall sollte das Rohr ein Gefälle von mindestens 3 Prozent haben und von einer Seite her relativ leicht für eine Reinigung zugänglich sein. Ein verstopftes Rohr kann zu Wasserrückstau führen.

Brunnenkresse eignet sich gut für flache Wasserstellen – und obendrein schmeckt sie gut

Der oberirdische Zulauf

Der oberirdische Zulauf funktioniert in Form einer offenen Rinne. Er ist gut zu pflegen und lässt der Gestaltung viel Spielraum. Zu beachten ist:

- Das Gefälle sollte vom Haus wegführen und mindestens 1 Prozent (1 Zentimeter Höhenunterschied pro 1 Meter) betragen, besser mehr, um Messfehler zu kompensieren. Zur Messung verwenden wir die Schnurwasserwaage (siehe Seite 115). Mit der Schnur stellen wir eine exakte Waagrechte her, von der am Ende der Strecke heruntergemessen wird.
- Mindestens der dem Haus am nächsten liegende Meter sollte zur Schonung des Fundaments wasserundurchlässig ausgeführt sein, zum Beispiel als Rinne einbetonierter Kleinsteine oder als mit Kies bedeckte Folie. In diesem Bereich sollten keine losen Substrate wie Humus eingebaut werden, da diese bei starkem Regen hochspritzen und die Fassade verschmutzen können.
- Der restliche Zulauf kann gepflastert, mit gestampftem Lehm oder mit Folie abgedichtet und mit Sumpfpflanzen bestückt werden. Auch Rasenmulden mit Gefälle erfüllen den gewünschten Zweck. Tiefe und Breite des Zulaufs sind zum einen abhängig von der Menge des anfallenden Dachwassers: je mehr Wasser, desto breiter und tiefer, meist reichen 50 bis 70 Zentimeter Breite und eine Tiefe in der Mitte der Rinne von 10 bis 15 Zentimetern. Zum anderen muss das Gefälle vom Haus weg beachtet werden: Je steiler das Gefälle, desto schneller rinnt das Wasser vom Haus weg und desto kleiner kann die Rinne dimensioniert sein.

Beispielrechnung mit verschiedenen Versickerungsmöglichkeiten

In der Praxis ist alles leichter, also rechnen wir ein Beispiel durch.

Einfamilienhaus bei München:
- Dachfläche (= Entwässerungsfläche, siehe Seite 32): 100 m²
- Abflussbeiwert für die Dachfläche (siehe Seite 32): 1
- Begrüntes Garagendach (= Entwässerungsfläche, siehe Seite 32): 20 m²
- Abflussbeiwert für das begrünte Garagendach (siehe Seite 32): 0,5
- Beim Wetterdienst erfragter örtlicher Starkregen: 200 l / s / ha = 21,6 l / m² innerhalb von 15 Minuten (Umrechnung siehe Tabelle Seite 36)
- Ergebnis des Versickerungsversuches: 70 Millimeter in 30 Minuten, das bedeutet eine mittlere Bodendurchlässigkeit (siehe Tabelle Seite 110).

1. Summe der Entwässerungsflächen:
   Dachfläche × Abflussbeiwert = 100 m² × 1 = 100 m²
   Gründach × Abflussbeiwert = 20 m² × 0,5 = 10 m²
   Das ergibt eine Entwässerungsfläche von 110 m².

2. Bei mittlerer Bodendurchlässigkeit und einem Starkregen von 21,6 l / m² innerhalb von 15 Minuten benötigen wir eine Sickermulde in einer Größe von 15 % der Entwässerungsfläche (siehe Tabelle Seite 111):
   110 m² × 15 % = 16,5 m² bei einer Tiefe von 30 cm und Ufern mit einer Neigung von 1:2.
   Wir geben ein paar Prozent dazu, besonders wenn der Starkregen im oberen und die Durchlässigkeit im unteren Bereich liegen. Auch Bedacht nehmend auf die Wetterkapriolen der letzten Zeit! Die Fläche für Sickerteiche wird ebenso berechnet, nur darf der abgedichtete Bereich, in dem ständig Wasser steht (siehe ab Seite 124), nicht mitgerechnet werden.

Alternative Berechnung:
Eine andere einfache Methode besteht darin, die anfallenden Wässer in Kubikmetern zu berechnen: Bei einem Starkregen von 21,6 l / m² innerhalb von 15 Minuten und einer Entwässerungsfläche von 110 m² wie im obigen Beispiel kommen wir auf 2376 Liter, die von diesem Dach abrinnen:

21,6 l / m² × 110 m² = 2376 Liter. In Kubikmetern sind das rund 2,4 m³.

Mit dieser Menge können wir nun unterschiedlich umgehen.

Hier rinnen die Dachwässer über einen bepflanzten Sickergraben in einen Schwimmteich.
Die Pflanzen bremsen und reinigen das Regenwasser.

Variante 1 – Flächenversickerung

Wir haben eine große Wiesenfläche mit leichtem Gefälle vom Haus weg. Laut Versickerungsversuch versickern innerhalb von 15 Minuten durch den Boden dieser Fläche 35 mm Wasser. Der Starkregen mit Zuschlag von 20 Prozent beträgt in der gleichen Zeit 21,6 mm. Das bedeutet, dass der Boden zusätzlich zu dem Regen, der direkt auf ihn trifft, noch 13,4 mm aufnehmen kann (35 mm – 21,6 mm = 13,4 mm).

Für eine Flächenversickerung der 21,6 mm Regenwasser, die vom Dach kommen, brauchen wir also rund das 1,6-fache (21,6 mm / 13,4 mm = 1,6) der Dachfläche, also etwa 160 m² Wiesenfläche (100 m² × 1,6 = 160 m²).

Variante 2 – Sickermulde

Wir haben dieselben Niederschlagsdaten, es ist aber weniger Fläche vorhanden, es soll also eine Sickermulde werden. Mit der Faustformel haben wir 16,5 m² benötigte Fläche berechnet (siehe Beispielrechnung links).

Wer es ganz genau wissen will, kontrolliert noch diesen Faustformelwert:

Die Wassermenge von der Entwässerungsfläche beträgt wie oben berechnet etwa 2,4 m³. Diese Wassermenge müssen wir also in der Mulde mit einer maximalen Tiefe von 30 cm und einer Seitenneigung von 1:2 unterbringen. Diese Neigung bedeutet, dass ich, um 30 cm Tiefe zu erreichen, 60 cm Länge brauche, im Verhältnis also 1:2. Der verfügbare Platz legt uns nahe, die Mulde länglich mit einer Gesamtfläche von etwa 5 m × 3 m anzulegen.

Mit Bleistift und Papier zeichnen wir die Mulde in einfachen Rechtecken:

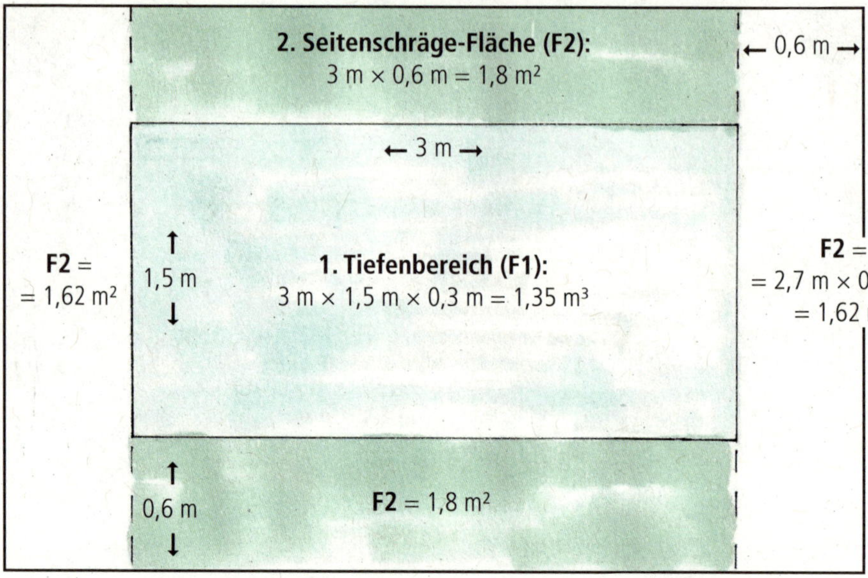

1. (F1) Wir planen den etwa 30 cm tiefen Bereich im Ausmaß von $3\,m \times 1{,}5\,m$, das bietet Raum für rund $1{,}35\,m^3$ Wasser: $3\,m \times 1{,}5\,m \times 0{,}3\,m = 1{,}35\,m^3$

2. (F2) An allen vier Seiten geben wir 60 cm Breite dazu, damit wir mit einer Seitenschräge im Verhältnis von 1:2 auf unsere 30 cm Tiefe kommen. In vier Rechtecke zerlegt, ergibt das eine Fläche von rund $6{,}84\,m^2$:
   $(3\,m \times 0{,}6\,m) \times 2 + (2{,}7\,m \times 0{,}6\,m) \times 2 = 6{,}84\,m^2$

3. Hätten diese vier Rechtecke eine Tiefe von 30 cm, würde uns das rund $2{,}05\,m^3$ Raum schaffen: $6{,}84\,m^2 \times 0{,}3\,m = 2{,}052\,m^3$. Weil unsere Schräge aber ein Verhältnis von 1:2 haben soll, gewinnen wir nur die Hälfte dieses Raums:
   $2{,}052\,m^3 / 2 =$ etwa $1{,}03\,m^3$

4. Insgesamt bietet unsere Mulde also Platz für etwa $2{,}4\,m^3$ Regenwasser: $1{,}35\,m^3 + 1{,}03\,m^3 = 2{,}38\,m^3$ bei einem Flächenverbrauch von etwa $12\,m^2$: $(1{,}5\,m \times 3\,m) + 6{,}84\,m^2 = 11{,}34\,m^2$

Da wir laut Faustformel mit 15 bis $16\,m^2$ gerechnet haben, nutzen wir den Spielraum, die Differenz, für gestalterische Kurven und Unregelmäßigkeiten, da Mulden oder Teiche in der Natur auch nicht rechteckig sind. Wir sehen also, dass wir mit dem Faustformelwert auf jeden Fall im grünen Bereich sind.

Variante 3 – Sickerteich

Wir haben dieselben Niederschlagsdaten, aber es soll ein Sickerteich werden. Der abgedichtete Teichbereich soll als Wasserspeicher für Gießwasser dienen. Fläche ist ausreichend vorhanden, der Sickerteich kann also ohne seitliche Abstützungselemente mit einer Böschungsneigung von 1:2 bis 1:3 ausgeführt werden.

Wie groß soll dieser Sickerteich sein, damit er:

- im tiefsten, abgedichteten Bereich als Teich funktioniert,
- genug Pufferzone für Gießwasser aufweist und
- im obersten Bereich überschüssiges Dachwasser versickern lässt?

Wir haben den Garten bereits so gestaltet, dass nur der Gemüsegarten zusätzlich zum normalen Regen gegossen werden muss. Unser Gemüsegarten hat eine Fläche von 30 m². Wir gehen in unserem Beispiel von einem mittleren jährlichen Bedarf von 400 mm Gießwasser / m² aus, das sind 400 l / m².

30 m² Gemüsegarten benötigen also 12 000 Liter Wasser, das heißt 12 m³ Wasser pro Jahr. Da wir in einer Gegend mit 800 mm Niederschlag pro Jahr leben (diesen jährlichen Niederschlag haben wir wie den örtlichen Starkregen beim Wetterdienst erfragt) und unsere Entwässerungsfläche 110 m² groß ist, steht genug Wasser zur Verfügung: 800 mm / m² × 110 m² = 88 000 mm. Das entspricht 88 000 Litern.

Das theoretische Wissen um einen jährlichen Niederschlag von zum Beispiel 800 mm / m² ist allerdings nicht besonders hilfreich, wollen wir im Grunde doch wissen, wie viel Speicherraum wir in einem heißen, trockenen Sommer brauchen.

Wir gießen unser Gemüse an einem regenfreien, heißen Sommertag mit 15 l / m². Für 30 m² brauchen wir also 450 Liter, das heißt 0,45 m³. Wollen wir das eine Woche lang durchhalten, bedeutet dies einen Wasserbedarf von 3,15 m³, bei zwei Wochen Trockenheit sind es 6,3 m³.

Für die einfache Berechnung soll der Beispielteich rechteckig sein. Gehen wir also von einer Gießwassermenge von 6 m³, einer Böschungsneigung von 1:3 und einer 40 cm tiefen Gießwasserzone aus, hat diese Gießwasserzone eine Fläche von 10 m².

Die darunterliegende Zone des Dauerteiches ist bei gleichbleibender Böschungsneigung und einer tiefsten Stelle von 60 cm etwa 6,5 m² groß und enthält etwa 2 m³ Wasser, das ständig im Teich bleibt.

Bei gleichmäßiger Böschungsneigung erhalten wir im obersten Bereich eine Sickerfläche von 30 m² mit einer Tiefe von 30 cm und einem Sickervolumen von 9 m³. Insgesamt also jede Menge Raum für Wasser bei einem zu gießenden Flächenbedarf von 30 m².

Haben wir ein großes Gemüsebeet und werden wir deshalb den Pufferspeicher oft leeren, kann die Sickerzone auch kleiner dimensioniert werden, etwa 30 cm um den Teich herum.

Intelligente Gartengestaltung

Eine Zisterne im Boden zu vergraben, ist keine große Kunst, um aber naturnahes, nachhaltiges Regenwassermanagement betreiben zu können, müssen wir etwas mehr Verständnis für die natürlichen Zusammenhänge – insbesondere zwischen Boden, Pflanzen und Niederschlagssituation – entwickeln: Was kann ich tun, damit mein Boden in regenarmen Zeiten lange feucht bleibt? Welche Pflanzen passen zum Boden und zur Regensituation in meinem Garten? Wie hängen Bodenart und Pflanzen zusammen?

Boden und Pflanzen sind wichtige Grundlagen, nicht nur für unser Regenwassermanagement, sondern für jedes gartenbezogene Thema. Es funktioniert wie bei einem Haus: Vor allem das Fundament muss stabil und tragfähig sein und das Dach dicht, alles andere lässt sich leichter reparieren. Dieser Analogie folgend, ist der Boden das Fundament des Gartens und angepasste Pflanzungen sind sein Dach.

Oft gehen wir von einer Wunschvorstellung aus, die wenig mit der Realität zu tun hat. Wir laufen einer Illusion nach, ohne vorhandene Stärken und Schwächen zu berücksichtigen. Das ist in etwa so, als ob ich, klein und kräftig und in der Mitte des Lebens stehend, eine Karriere als Supermodel anstreben würde, ohne zu bedenken, dass meine Stärken eher im Bereich der Gestaltung und Kommunikation liegen, und ich zum Modeln einfach zu »untergroß« bin. Um nicht falsch verstanden zu werden: Ich denke, wir alle können wesentlich mehr Träume erfüllen, als wir uns gemeinhin trauen, aber es sollte uns bewusst sein, dass, je weiter die Wunschvorstellung vom Istzustand entfernt ist, umso mehr Aufwand mit einer Realisierung verbunden ist.

Auf den Garten bezogen bedeutet dies, dass eine magere Blumenwiese auf unserem fetten Wienerwaldlehm nur mit massivem Bodenaustausch zu erreichen ist. Da stellt sich dann schon die Frage: »Lohnt sich das?« Der einfachere und ökologisch sinnvollere Weg ist sicher, den Blickwinkel zu ändern und die Gestaltung den vorhandenen Gegebenheiten anzupassen, nicht umgekehrt. Unser Ziel ist es, den Garten so zu gestalten, zu bepflanzen und zu pflegen, dass er optimal an den vorhandenen Boden und die Niederschläge angepasst ist. So funktioniert das System »Naturgarten« am besten und beschert uns den geringsten Pflegeaufwand.

Alles im Leben ist Energie. Auch Geld, das zum Beispiel in eine massive Veränderung des Gartens gesteckt wird, ist im Grunde unsere Energie, die wir aufwenden mussten, um dieses Geld erst einmal zu verdienen. Unsere Lebensenergie also, mit der wir doch sorgsam umgehen sollten – wissen wir doch nicht, wie viel uns davon noch zur Verfügung stehen wird.

Bilder links: Zwei Beispiele für sickerfähige Flächen und Wege mit bunt blühenden Beeten

Boden als Wasserspeicher und Wasserleiter richtig pflegen

Wir haben uns bereits damit beschäftigt, wie Boden aufgebaut ist und wie wertvoll er für die Pflanzen ist. Nur ein »ungestörter« Boden mit einer guten Verteilung von mineralischen und organischen Anteilen sowie luft- und wasserführenden Poren und intaktem Bodenleben kann seinen Aufgaben als Pflanzenstandort, Wasserspeicher und Wasserleiter gerecht werden. Je gesünder ein Boden ist, desto weniger Aufwand erfordert er. Wie gehen wir also am besten mit unserem Gartenboden um, damit er diese Funktionen gut erfüllen kann? Einige grundsätzliche Anmerkungen dazu.

- Im Naturgarten arbeiten wir möglichst mit dem **vorhandenen Boden.** Jeder Boden ist über Jahrzehnte oder länger gewachsen, der Bodenbildungsprozess braucht Zeit je nach Temperatur, Feuchtigkeit und vorhandenem organischen Material. Einmal zubetoniert oder im Untergrund verbuddelt, braucht es später Jahre, um zum Beispiel wieder Kartoffeln anbauen zu können.
- Bodenaustausch braucht Transportenergie, produziert also klimaschädigende Abgase. Der unerwünschte, abtransportierte Boden muss auch deponiert werden. Dies ist nur dann sinnvoll, wenn der Boden verseucht ist.
- Wenn wir irgendwo im Garten einen anderen Boden brauchen als den vorhandenen, planen wir so, dass der ausgetauschte Boden vor Ort an einer anderen Stelle für die Gestaltung verwendet werden kann.
- Wir gehen vorsichtig mit dem Boden um, wenn wir ihn **abtragen.** Wir tragen ihn schichtweise, entsprechend den Bodenhorizonten ab und lagern ihn für den Wiedereinbau auch so getrennt auf der Seite.
- **Aufgetragener Boden** sollte nicht mehr befahren werden. Wir beschütten nur die Bereiche, über die wir nicht mehr fahren müssen. Das bedarf einer gewissen Logistik. Vor der Aufschüttung neuen Substrates muss die darunterliegende Schicht mindestens 20 Zentimeter tief gelockert werden. In jedem Fall sollten alle Verdichtungen des Baugeschehens aufgelockert werden. Wir bringen auch nur so viel Oberboden auf wie nötig (Wiese und Rasen: 5 bis 15 Zentimeter, Stauden, die nährstoffreiche Böden benötigen: 25 bis 40 Zentimeter, Gehölze: 30 bis 80 Zentimeter).
- Kein Boden sollte **unbepflanzt** bleiben, weil er in solch einem Fall durch Wind verblasen und durch Regen abgeschwemmt und verdichtet wird und Raum bietet für unerwünschte Beikräuter.
- Die Bereiche zwischen den Pflanzen werden gemulcht oder mit Gründüngung eingesät (siehe ab Seite 139). Wenn die endgültige Begrünung nicht sofort erfolgen kann, sollte man zum Schutz des Bodens eine Zwischenbegrünung mit tief wurzelnden Kräutern oder Kräutermischungen aus Bitterlupine, Senf,

Auch in einer wassergebundenen Decke ohne Humusbeimischung siedeln ich mit der Zeit Pflanzen an

Rettich, Kornblume, Klatschmohn, Kornrade oder Saatwucherblume ansäen. Gewählt werden also Arten, die entweder nicht winterhart oder auf offenen Boden angewiesen sind. Diese bilden keine Konkurrenz für die zukünftige Dauerbepflanzung. Dies schützt den Boden so lange, bis die gesetzten Pflanzen dicht zusammengewachsen sind.

Boden lockern

Ein in seinem Gefüge zerstörter Boden lässt sich gar nicht oder nur mit enormem Aufwand wiederherstellen. Fahren zum Beispiel schwere Geräte wie Bagger über den Boden, wird er verdichtet, das heißt seine Hohlräume zerdrückt. Luft, Wasser und die im Wasser gelösten Nährstoffe können sich in der Folge nicht mehr richtig im Boden verteilen und gelangen nicht mehr zu den Pflanzenwurzeln – die Pflanzen vertrocknen. Auch können sich die Feinwurzeln der Pflanzen durch einen so verdichteten Boden keinen Weg bahnen.

Regenwasser bleibt oberflächig stehen und verschlämmt die wenigen ungestörten Poren zusätzlich. Bei Hanglage wirkt verdichteter Boden genau so, wie schon der Name sagt: Er dichtet ab, Regenwasser versickert nicht, sondern rinnt ungehemmt ab – in unseren oder des Nachbarn Keller oder auf die Straße.

Im Winter lockert die Frostgare einen solchermaßen verdichteten Boden etwas auf und im Laufe der Zeit finden sich robuste Pionierarten wie Birken, Weiden, Weidenröschen oder Kompass-Lattich ein, die den gestörten Boden wieder besiedeln und für anspruchsvollere Arten aufbereiten.

Das Bodengefüge wird auch durch grobes Umgraben oder Umstechen gestört. Jede Bodenschicht wird von speziellen Bodenlebewesen bevölkert, beim Umstechen wird diese natürliche Ordnung durcheinander gebracht.

Feines, oberflächiges Harken wirkt sich dagegen positiv aus: Es vermindert die Verdunstung, weil dadurch die bis an die Oberfläche reichenden Bodenporen unterbrochen werden. Dadurch bleibt der Boden in den tieferen Schichten feuchter und die Pflanzen brauchen weniger Gießwasser.

Umgraben sollte eine einmalige Tätigkeit bleiben, wenn beispielsweise ein neues Beet angelegt wird. Dann wird umgestochen, unerwünschter Aufwuchs entfernt und gegebenenfalls werden bodenverbessernde Stoffe eingearbeitet. Diese Maßnahmen sind insbesondere bei schweren, verdichteten Böden nötig – auch, damit Wasser besser versickern kann. Bodenlockerung ist nur bei gestörten und verdichteten Oberböden sinnvoll. Bei gesunden oder richtig behandelten Oberböden zerstören Lockerungsmaßnahmen das gewachsene Bodengefüge.

Schwere Maschinen wie Grubber und Eggen kommen für unser Gärtlein naturgemäß nicht in Frage, wir werden wohl fräsen (15 bis 30 Zentimeter tief). Dies führt zu einer tiefen Lockerung und Bodendurchmischung. Der Boden kann aber auch »totgefräst« werden. Die starke Lockerung fördert den Humusabbau und die Zerstörung stabiler Bodenkrümel. Bodentiere werden getötet, aber Wurzelunkräuter wie die Quecke zerteilt und damit vermehrt. Das gilt für langsamlaufende und schnelllaufende Fräsen gleichermaßen. Oder wir arbeiten händisch, am besten mit der Grabegabel (25 bis 30 Zentimeter tief): Das Spatenblatt ist bei diesem Gerät durch vier bis fünf jeweils 2 Zentimeter breite Stahlzinken ersetzt. Schwere und steinige Böden lassen sich mit der Grabegabel besser graben und Wurzelunkräuter besser entfernen als mit dem Spaten. Sandböden kann man mit der Grabegabel lockern und das Unkraut leicht herausziehen.

Da sich gelockerte Böden im Laufe der Zeit unter Wassereinwirkung wieder verdichten, ist das Erhalten der Lockerung durch das **nachfolgende Begrünen** der Fläche unbedingt erforderlich.

Boden verbessern

Sind wir mit dem vorhandenen Boden absolut nicht glücklich, weil er beispielsweise maximal eine Ruderalgesellschaft, also Schuttpflanzen oder Wegrandpflanzen, hergibt, unser Herz aber an einem Bauerngarten hängt, können wir versuchen, den Boden zu »verbessern«, ihn also auf unsere Wunschvorstellung hin zu verändern.

Bei der Veränderung geht es einerseits um die Änderung des Nährstoffhaushalts, das heißt um Zuführen oder Abführen von Nährstoffen, damit der Boden »fetter« oder »magerer« wird, andererseits um die Steuerung des Wasserhaushalts.

Boden verbessern über eine Änderung des Nährstoffhaushalts

Mit folgenden Materialien können Sie dem Boden **Nährstoffe zuführen:**

- Mit **Grünkompost:** am besten hergestellt mit Grünschnitt von Hecken, Bäumen und Rasen aus dem eigenen Garten sowie vegetabilen Küchenabfällen, das ergibt ein schönes Kreislaufsystem.
- Mit **zugekauften Erden:** nur, wenn es sich absolut nicht vermeiden lässt, und idealerweise vom Biogärtner. Oft stellen Kommunen günstigen Kompost aus der Biomüllsammlung zur Verfügung, dessen Inhaltsstoffe wir aber nicht wirklich überprüfen können.

  Zur Sicherheit machen wir den Kressetest: Kresse keimt überall, solange es nur feucht genug ist. Versuchen Sie es einerseits auf einem Stück Küchenrolle und andererseits auf dem zu prüfenden Kompost. Wenn Kresse im Kompost schlechter keimt, dann enthält der Kompost pflanzenunverträgliche Inhaltsstoffe oder ist noch mitten im Rotteprozess.

  Wir achten bei zugekauften Erden, auch bei kleineren Mengen aus Baumärkten, auf Torffreiheit.
- Mit **Rindenprodukten:** Inzwischen gibt es auch Torfersatzstoffe, welche die gleichen positiven Eigenschaften wie Torf haben, für deren Gewinnung aber keine Moore zerstört werden müssen. Es handelt sich dabei um Rindenprodukte aus Abfällen der Holzindustrie. Man achte darauf, dass sie nicht mit Insektiziden behandelt wurden! Zugesetzt wird ihnen mineralischer Stickstoff, wodurch sie für den Biogarten nicht geeignet sind. Diese Zugabe erfolgt, weil die Verrottung der Rinde Stickstoff benötigt, der dem Boden und damit den Pflanzen andernfalls entzogen wird. Solch eine Beeinflussung des Säuregehaltes des Bodens überlegen wir natürlich gut und führen sie nur in Spezialfällen durch, etwa, wenn das Lieblingsobst der Familie Heidelbeeren sind, die sauren Boden brauchen.
- Mit **Mulch:** Mulchen bedeutet die Abdeckung der Pflanzenzwischenräume, um unerwünschte Pflanzen am Keimen zu hindern und gleichzeitig die Wasserverdunstung über dem Boden gering zu halten. Gleichzeitig führen die meisten Mulchmaterialien auch Nährstoffe zu. Deshalb befindet sich das Thema »Mulch« in unserem Fall in der Kategorie »Nährstoffhaushalt«, obwohl es auch in den Bereich »Wasserhaushalt« passt.

  Der allseits bekannte **Rindenmulch** hat sich aus mehreren Gründen nicht bewährt: Nicht gut abgelagert, enthält er für Pflanzen schädliche Gerbstoffe; bei seiner Verrottung wird Stickstoff benötigt, den er dem Boden entzieht und so den Pflanzen wegnimmt; er stammt meist aus mit Pestiziden behandelten Billigholzkulturen; im angerotteten Zustand bietet er Schnecken, Pilzsporen und Unkrautkeimlingen ein gutes Heim. Wir verzichten also darauf.

Mulchen mit **Grasschnitt:** Grasschnitt vereint die Vorteile von Bodenbedeckung und Feuchtespeicherung mit dem Vorteil der Düngung. Wir achten darauf, nur kurzen Rasenschnitt und keine langen Wiesenhalme zu verwenden, und diesen auch nur »schleierdünn« aufzutragen, weil es bei einer dicken Auflage und langen Halmen zu Fäulnisprozessen kommt.

Kiesmulch in einer Stärke von 3 bis 5 Zentimetern hat sich als Mittel gegen die Verdunstung bewährt, besonders, wenn es sich um wasserspeichernde Kiese oder Ziegelsplitt handelt. Nährstoffe liefert Kies ausgesprochen langsam, als Düngerquelle ist er also zu vernachlässigen. Er darf allerdings keine Feinanteile, also Sande, enthalten, die ein Keimbett für Jungpflänzchen bieten. Kiesmulch wirkt auch als Sperrschicht und verhindert den normalen Bodenbildungsprozess, bei dem Lebewesen frisch gefallenes Laub, Blüten und Ähnliches zersetzen und in den vorhandenen Boden einbauen. Auch optisch passt er eigentlich nur zu Beeten auf mageren, steinigen Standorten, zum Beispiel zu Straßenbegleitpflanzungen.

- Mit **Gründüngung:** Gründüngung bezeichnet die Ansaat einer Zwischenbepflanzung, die längerfristig durch die Wunschbepflanzung ersetzt wird. Die Gründüngung bedeckt den Boden gegen Erosion, hält Feuchtigkeit im Boden, stabilisiert das Bodengefüge und versorgt den Boden mit Nährstoffen – besonders, wenn es sich um Schmetterlingsblütler handelt, die mit stickstoffbindenden Knöllchenbakterien vergesellschaftet sind. Wir wählen eine »abfrostende« Mischung, dann handelt es sich um eine einmalige Sache und nach dem Winter kann die Wunschbepflanzung durchgeführt werden. Viele der Gründüngungspflanzen sind auch für Insekten hochinteressant, wie Phacelia, deren deutscher Name bezeichnenderweise »Bienenfreund« lautet.

Doch auch den anderen Fall gibt es, nämlich **überdüngte Böden** mit einem Zuviel an Nährstoffen, besonders wenn wir einen konventionell gestalteten, jahrelang mit Mineraldüngern behandelten Garten übernehmen. Ein Überangebot an Nährstoffen führt zu mastigem Pflanzenwuchs, der oft die Ursache für Krankheiten und üppigen Tierfraß ist. Und dieses Angebot fördert natürlich auch alle nährstoffliebenden Beikräuter wie Ampfer. Auch wer sich Stauden wie Königskerzen, Margeriten oder andere in der Naturgartengestaltung beliebte Arten wünscht, benötigt einen eher mageren Boden, weil diese Pflanzen einen solchen bevorzugen.

Dem Nährstoffüberangebot begegnet man mit drei Maßnahmen:

- Muss ohnehin neuer Boden eingebaut werden – etwa bei Pflanzgruben oder nach Abbruch von Bodenversiegelungen –, verwendet man hierfür mineralbetonten **Unterboden mit etwas Kompost** vermischt (höchstens 20 Volumenprozent Kompost). Dadurch entwickeln die Pflanzen gute Wurzelsysteme.

Eine schöne Kombination mit Steppen-Windröschen und Zypressenwolfsmilch

- Einarbeiten von nährstofffreiem **Sand:** Je nach Bedarf wird eine 5 bis 15 Zentimeter dicke Sandauflage eingearbeitet, also eingefräst oder eingeharkt. Sand nur obenauf zu schütten, ist sinnlos, Wasser rinnt schnell hindurch, und Sand bietet für die Keimlinge keine Nährstoffe, von denen sie zehren könnten. Schafft es ein Pflänzchen doch bis in den nährstoffreichen Untergrund, so hat es wieder das Problem der Überdüngung.
- Wird in den vorhandenen Boden gepflanzt, ist die **Artenauswahl** entscheidend: Man wählt stark nährstoffzehrende Arten, Mähgut und Schnittgut werden abtransportiert und dem Boden so über die Jahre hinweg Nährstoffe entzogen.

Ausgewählte heimische Stauden, die stark nährstoffzehrend sind

Die folgende Aufzählung nennt heimische Stauden, die stark nährstoffzehrend sind. Meist ist die heimische Art (zum Beispiel *Digitalis purpurea)* angegeben, manchmal auch die ganze Familie (zum Beispiel *Geranium)*, das heißt, dass alle Vertreter dieser Familie Nährstoffzehrer sind:

Wiesen-Kerbel *(Anthriscus sylvestris)*, Echt-Beifuß *(Artemisia vulgaris)*, Kahl-Aster *(Aster laevis)*, Margerite *(Chrysanthemum leucanthemum)*, Echt-Hundszunge *(Cynoglossum officinale)*, Roter Fingerhut *(Digitalis purpurea)*, Weidenröschen *(Epilobium)*, Wasserdost *(Eupatorium cannabium)*, Storchschnabel *(Geranium)*, Wiesen-Bärenklau *(Heracleum sphondylium)*, Echter Löwenschwanz *(Leonurus cardiaca)*, Malve *(Malva)*, Echt-Andorn *(Marrubium vulgare)*, Große Eselsdistel *(Onopordum acanthium)*, Große Bibernelle *(Pimpinella major)*, Gänse-Fingerkraut *(Potentilla anserina)*, Rote Lichtnelke *(Silene dioica)*, Beinwell *(Symphytum)*, Akeleiblättrige Wiesenraute *(Thalictrum aquilegifolium)*, Echter Baldrian *(Valeriana officinalis)*.

Boden verbessern über eine Änderung des Wasserhaushalts

Wir Menschen sind im Allgemeinen bequeme Wesen, positiv formuliert, gehen wir effizient mit unserer Energie um. Auf den Garten übertragen bedeutet das, dass wir möglichst wenig pflegen und gießen wollen. Der erste Schritt in diese Richtung ist – wie schon mehrfach betont –, die Gestaltung und Bepflanzung des Gartens den Gegebenheiten anzupassen. Genügt uns das nicht, verbessern wir den Boden, damit er in Zukunft ohne großen Gießaufwand das produziert, was wir gerne von ihm hätten.

- **Verbesserung toniger Böden:** Bei tonigen Böden, die sehr schlecht Wasser und Luft führen, können wir kornstabile Materialien wie Sand, Kies oder Splitt einmischen, um so künstlich Hohlräume und Poren zu bilden, durch die Wasser und Luft zu den Pflanzenwurzeln gelangen können. Überschüssiges Wasser kann so auch wieder abrinnen. Man verwendet die Kornbeimischung in Mengen, die so groß sind, dass die einzelnen Körner nicht vom tonigen Feinmaterial umschlossen werden, sondern aneinanderstoßen: mindestens 30 Prozent Verbesserungsmaterial auf 20 Zentimeter Tiefe. Wir achten darauf, dass die darunterliegenden Schichten kein Wasser stauen. In diesem Fall müsste noch tiefer bearbeitet oder eine Drainage eingebaut werden. Stauwasser lässt die meisten Pflanzenwurzeln abfaulen. Sie können dann kein Wasser mehr aufnehmen, die Pflanzen vertrocknen, obwohl sie im Wasser stehen. Oft verführt dieses Schadbild der »Trockenheit« Gärtnerinnen und Gärtner allerdings zu noch mehr Gießen. Das Problem kennen wir auch oft von Zimmerpflanzen und generell von Pflanzen im Topf, wenn das Abflussloch im Topfboden verstopft ist. Sumpfpflanzen und Wasserpflanzen haben spezielle Wurzelsysteme entwickelt, um mit dem Wasser zurechtzukommen.
- **Verbesserung sandiger Böden:** Sehr sandige Böden sind für unsere Wunschpflanzen oft zu nährstoffarm und Regenwasser rinnt zu schnell ab. In diesem Fall wird ein Drittel Grünkompost und ein Drittel lehmige Grunderde in ein Drittel Sandboden eingearbeitet: für Wiese / Rasen bis zu einer Tiefe von 5 bis 15 Zentimetern, für Stauden bis zu 25 bis 40 Zentimeter, für Gehölze bis zu einer Tiefe von 30 bis 80 Zentimetern. Aber: Bevor wir uns diese Mühe machen, fragen wir uns noch einmal: »Ist das wirklich notwendig? Oder entdecken wir nicht doch unsere Liebe zu Lein, Kartäuser-Nelken und Thymian?«

Nochmals: Die genannten Maßnahmen zur Bodenverbesserung setzen wir nur im Notfall ein, weil die Anpassung der Pflanzenauswahl an den Boden immer noch einfacher ist als umgekehrt. Ebenso wie es auch einfacher ist, zuhause mal auszumisten, als einen zusätzlichen Raum dazuzubauen.

Problemboden?

Gibt es so etwas wie Problemboden überhaupt? Ich habe doch gerade auf mehreren Seiten behauptet, dass die naturnahe Gartengestaltung für jeden Standort die passenden Pflanzen findet.

Im Siedlungsgebiet allerdings, besonders, wenn wir einen alten Garten umbauen, kann uns etwas begegnen: der Mischboden. So nennt man Mischungen aus unterschiedlichen Anteilen von Oberboden, Unterboden, Baurestmassen wie Ziegeln, Mörtel, Metallteilen und Kunststoffanteilen. Kein schöner Anblick und vielleicht sogar gefährlich. Metall- und Kunststoffteile oder gar Sondermüll wie alte Behälter von Pflanzenschutzmitteln sollten ausgesondert und fachgerecht entsorgt werden. Manchmal lassen sich die Baureste wie Betonplatten oder Klinker in Wege oder Mauern einbauen oder, wenn sie ungiftig sind, begraben wir sie.

Was übrig bleibt, lässt sich meist mit speziellen Ruderalpflanzen begrünen. Wenn Sie unsicher sind, finden Sie über die Naturgarten-Vereine geeignete Fachfirmen (siehe Seite 172).

In Kürze:
Boden als Wasserspeicher und Wasserleiter richtig pflegen

Im Naturgarten arbeiten wir möglichst mit den vorhandenen Gegebenheiten, was den Boden und die Niederschlagssituation betrifft. Das Ziel ist, die Bepflanzung daran anzupassen, auch um uns aufwendiges Gießen zu ersparen.

Bodenaustausch ist mit unnötigem Energieaufwand verbunden und zerstört in Jahrtausenden gewachsene Böden. Wenn es unvermeidbar ist, Böden ab- oder aufzutragen, tun wir dies mit der größtmöglichen Sorgfalt und Rücksicht auf die Schichtungen des Bodens und verwenden allen abgetragenen Boden vor Ort für Bodenmodellierungen.

Boden sollte nie unbedeckt bleiben, er wird sonst von Wind und Wasser abgetragen, erodiert.

Wir betreiben Bodenverbesserung nur dort, wo es nötig ist, wie etwa für den Gemüsegarten, und arbeiten möglichst mit selbst produziertem Kompost und stets mit torffreien und chemiefreien Hilfsstoffen.

Überdüngte Böden lassen sich über Jahre abmagern, indem man sie mit Starkzehrern bepflanzt, diese regelmäßig mäht und das Schnittgut auf den Komposthaufen bringt. Dichte, wasserstauende Böden können wir durch Zugabe von Sanden und durch Bepflanzung mit tiefwurzelnden Pflanzen durchlässiger machen.

Pflanzenwahl nach Niederschlagsmenge

Laut Umweltbundesamt verbraucht (statistisch) jede Privatperson in Deutschland täglich etwa 130 Liter Trinkwasser. Davon werden 6 Prozent für Raumreinigung, Autopflege und das Gießen von Blumen und Rasen verwendet. Hier sind auch Personen mitgerechnet, die gar keinen Garten haben. Der Großteil davon könnte eingespart werden: Nehmen wir 4 Prozent an, dann wären das 1900 Liter (1,9 m^3) Trinkwasser pro Person und Jahr – insgesamt etwa 4,3 km^3 bei knapp 84 Millionen Einwohnern. Dies entspricht in etwa einem Drittel des Wassers des Bodensees. Jährlich! Durch Sparsamkeit und an die örtliche Regensituation angepasste Bepflanzung kann der Verbrauch deutlich reduziert werden. Um Letztere geht es in diesem Kapitel.

Pflanzen sind die Basis allen Lebens, sie haben diesen Planeten zwischen beiden Polen besiedelt und kommen, wenn auch manchmal nur in Form der pflanzenähnlichen Lebewesen Algen oder Flechten fast überall vor. Dies verdanken sie ihrer großen Anpassungsfähigkeit, und diese Mannigfaltigkeit werden wir natürlich für unseren Garten nutzen. Zur Veranschaulichung ein Vergleich: Für Elektroinstallationen holen wir einen Elektriker, keinen Tischler – ebenso verfahren wir im Garten: In trockenen Lagen pflanzen wir Arten der Trockenrasen, in regenreichen Gebieten mit lehmigen, stauenden Böden wählen wir Sumpfpflanzen. Das ist wesentlich einfacher, als dem Tischler die Bedeutung von Nullleiter und Erdung zu erklären. Ein konkretes Beispiel:

Ein Garten mit 500 Quadratmeter Grünfläche in Retz, dem trockensten Ort Österreichs mit einem Jahresniederschlag von 450 Millimetern. 450 Millimeter entsprechen 450 l/ m^2. Diese fallen natürlich nicht gleichmäßig übers Jahr verteilt und schon gar nicht dann, wenn wir sie am dringendsten brauchen: in der Hochblüte der Pflanzen und gleichzeitig der wärmsten Zeit im Jahr – im Sommer.

Mit konventioneller Gartengestaltung, saftig grünem Rasen, Thujahecke, einem Gemüsebeet und einem bunten Staudenbeet mit Zuchtsorten vergießen wir etwa 200 l/ m^2 und Jahr zusätzlich zum natürlichen Niederschlag. Dies ist natürlich eine Schätzung, die Niederschläge verteilen sich jedes Jahr auch anders. Für unseren 500 Quadratmeter großen Garten verbrauchen wir also 100 000 Liter Trinkwasser pro Jahr, das sind 100 Kubikmeter. Abgesehen davon, dass wir mit dieser Menge zwei kleine Schwimmteiche befüllen könnten, kostet uns der Spaß mehrere hundert Euro, je nach örtlichen Wassergebühren.

Naturnahe Gartengestaltung dagegen verursacht keine Kosten fürs Gießen. Wir umgrenzen das Grundstück mit einer gemischten Hecke aus heimischen Sträuchern der trockenen Lagen wie Weißdorn, Schlehe, Sanddorn, setzen trockenheitsliebende Stauden wie Kuhschelle, Backenklee oder Polsternelken, minimieren die Rasen-

Was sind eigentlich Wildpflanzen?

Zum Begriff »Wildpflanzen« kursieren einige wilde Vorstellungen, die man häufig in einem Wort zusammenfassen kann: »Unkraut«. Natürlich gibt es Pflanzen mit der Tendenz, uns über den Kopf zu wachsen, wenn wir ihnen dies erlauben. Auf stickstoffreichen Böden wird ein Brennnesselfeld bald ausufern, sehr zur Freude der Schmetterlinge, wenn auch weniger zur Freude der Gärtner. Tatsächlich bezieht sich der Begriff »wild« darauf, dass diese Pflanzen bei uns wild vorkommen, das heißt heimisch sind. Was aber ist »heimisch«? Dazu gibt es viele Definitionen und wir wollen den Begriff keinesfalls mit Fremdenfeindlichkeit gleichsetzen. Heimisch bedeutet:

- Die Pflanzen haben sich dort, wo sie heute regional vorkommen, teilweise schon seit der Jungsteinzeit evolutionär entwickelt. Oder sie sind bis spätestens zu Beginn der Neuzeit zugewandert oder eingebürgert worden. Als Richtjahreszahl für den Beginn der Neuzeit verwendet man in diesem Fall die Entdeckung Amerikas durch Kolumbus 1492. Das ist sinnvoll, weil danach viele Pflanzenarten aus der Neuen Welt importiert wurden.
- Die Pflanzen wurden nicht züchterisch verändert oder selektiert und konnten so ihre genetische Vielfalt und Anpassungsfähigkeit bewahren.
- Die Pflanzen sind durch die jahrtausendelange Entwicklung perfekt an den entsprechenden Lebensraum angepasst.

fläche und gießen lediglich unsere 30 Quadratmeter Gemüsebeet, 20 Quadratmeter Bauerngarten und die 50 Quadratmeter Liegewiese, die die Kids zum Ballspielen haben wollen. Dafür brauchen wir etwa 20 Kubikmeter Wasser pro Jahr. Das Gießwasser beziehen wir aus unserem Schwimmteich, dem wir von unserem Hausdach mit 100 Quadratmeter Entwässerungsfläche etwa 45 Kubikmeter Regenwasser pro Jahr zuführen. Teile des Wassers verdunsten oder versickern über den Teichrand in die Sickermulde. Laufende Kosten: null.

Wildpflanzen im Naturgarten

Pflanzen produzieren mithilfe des Sonnenlichts den vom Rest der Welt so dringend benötigten Sauerstoff. Wir könnten ohne sie nicht existieren. Sie werden von Pflanzenfressern – das schließt auch uns ein – gefressen, diese wiederum von Fleischfressern, sie, wir alle sterben, verrotten und bieten so den Pflanzen neue Nahrung. Der Kreislauf des Lebens eben.

Weniger bekannt sind vielleicht die Details des Zusammenspiels von Räuber und Beute, Tier und Pflanze, von Lebensraum und Lebewesen. In einer Jahrtausende dauernden Entwicklung haben sich die Pflanzen an den vorhandenen Boden und

Insekten sind auf bestimmte Blütenformen spezialisiert: hier links ein Weißfleck-Widderchen auf der Blüte der Sterndolde, rechts eine Blauschwarze Holzbiene im Anflug auf einen Muskatellersalbei

das vorhandene Klima angepasst und ihre Nutzer an das Resultat dieser Anpassung. Es besteht ein fein ausbalanciertes Gleichgewicht zwischen den Pflanzen und den sie nutzenden Tieren und den Fressfeinden dieser Tiere. Fällt ein Glied dieses Netzwerkes aus, sterben zwangsläufig auch die, die gerne davon leben würden.

Wenn wir nun nichts als bunte, großblütige, aber unfruchtbare Zuchtsorten von Wildpflanzenarten, die weder Nektar noch Pollen spenden, in unsere Gärten und Landschaft pflanzen, fehlen Nektarspender und Pollenspender für Insekten, sodass diese weniger werden. Wenn wir bedenken, dass kleine Singvögel wie Meisen oder Rotschwänze täglich mindestens so viele Insekten mit einem Gesamtgewicht fressen müssen, wie sie selbst wiegen, können wir uns vorstellen, dass es in unseren Gärten mit den Zuchtsorten zwar sehr bunt, aber bald auch sehr still werden wird.

Hinzu kommt die Empfindlichkeit der meisten Sorten: Bedingt durch die Selektion in Richtung einer bestimmten Eigenschaft wie Großblütigkeit leiden die anderen Eigenschaften wie Robustheit, Bildung der Vermehrungsorgane oder Abwehrkraft gegen Schädlinge. Die schöne Prinzessin auf der Erbse ist heikel: Sie benötigt ständige Aufmerksamkeit, Dünger und einen Giftcocktail zur Erhaltung ihrer Pracht. Und natürlich Wasser – und damit sind wir beim Thema: Ein konventionell gestalteter Garten ist ein Säufer!

Das Gegenteil der Prinzessin auf der Erbse ist der Naturgarten. Er kommt mit dem vorhandenen Wasser, den Nährstoffen und der Bodenart aus, passt sich den Umständen an und ist bescheiden. Seine Merkmale sind, kurz gefasst:

- Arbeit mit der Natur und Respekt für deren Ordnung und Dynamik,
- Vermeidung von Torf, chemischen Düngemitteln und Pflanzenschutzmitteln,
- Einsatz nachhaltiger Materialien wie nachwachsenden Rohstoffen, regionalen Produkten und recycelten Stoffen,
- Förderung von durchblühender Artenvielfalt und
- Verwendung heimischer Pflanzen, auch Wildpflanzen genannt.

Pflanzen passend wählen

Bevor wir uns die Pflanzen vom Großen zum Kleinen, von den Bäumen bis zu den Gräsern, etwas genauer ansehen, um eine gute Wahl für unseren Garten treffen zu können, einige Grundlagen zur passenden Pflanzenwahl.

Soll unser Regenwasser beispielsweise in Form einer Sickerstrecke vom Regenfallrohr zu einem Sickerteich fließen, bepflanzen wir die Strecke mit Arten wie Mädesüß, Baldrian oder Wasserdost, die gut mit mal mehr, mal weniger Wasser zurechtkommen. Wollen wir heimische Pflanzen in unseren Freiräumen ansiedeln, wählen wir die Arten also so, dass sie zu den bei uns vorhandenen Standorten und Nutzungen passen. Folgende Faktoren beachten wir:

- Die **geografische Lage:** Deutschland, Österreich und die Schweiz bestehen aus vielen unterschiedlichen geologischen Formationen, sauren oder kalkhaltigen Böden und entsprechenden Vegetationsräumen, von den Pannonischen Tiefländern über die Alpen bis zur Nordsee und Ostsee. Logisch, dass Pflanzenarten entweder zum einen oder zum anderen Standort passen und wir sie deshalb nicht einfach bunt mischen sollten.

  Heimische Arten oder Wildarten gibt es natürlich auch anderswo, in Asien oder Amerika, diese sind aber dort, nicht bei uns heimisch, und sollten nicht in unseren Garten und keinesfalls in die freie Landschaft gesetzt werden. Ja, und Präriepflanzen passen in die Prärie, und die liegt nicht im Ruhrpott.
- **Gestaltung** und **Modellierung** des Grundstücks so, dass alles Regenwasser, das auf Boden oder Dach trifft, am Grundstück versickern kann oder zur Nutzung für Gießzwecke und Teich gespeichert wird. Ein Anschluss an den Kanal ist nur als Notüberlauf für Starkregen nötig, die seltener als alle zehn Jahre auftreten, beziehungsweise für die durch die Klimakrise bedingten, noch nicht statistisch erfassten Starkregen. Erklärungen zur angepassten Gestaltung und Modellierung finden Sie zum Beispiel ab Seite 51, auf Seite 63 oder Seite 112. Ab Seite 130 folgen Berechnungsbeispiele und Planungsvorschläge. Mithilfe dieser Anregungen und etwas Fantasie wird es gelingen, auch für Ihren Garten die optimale Lösung zu finden.
- Auswahl der **Pflanzen standortgerecht,** das bedeutet minimalen Aufwand für Pflanze und Mensch, um beide kräftig und gesund zu erhalten. Da Pflanzen ihre Standorte nicht kurzfristig verlassen können, sind sie mehr als Tiere davon abhängig, mit dem jeweils zur Verfügung stehenden Wasser hauszuhalten. Demzufolge haben sich für jeden Standort daran angepasste Pflanzenarten entwickelt. Zwei Beispiele:

  Eine Pflanze, deren Wurzelsystem für lockeren, wasserdurchlässigen Boden entwickelt ist, wie der Natternkopf, wird in schweren, lehmigen Böden mit vielen Feinporen Probleme bekommen. Umgekehrt kann eine Feuchtwiesenpflanze wie die Sumpfschwertlilie aus trockenen Böden nicht genug Wasser zur Aufrechterhaltung ihrer Saugspannung aufnehmen. Diese Pflanze lässt alles hängen und vertrocknet schließlich. Oft vertrocknen auch bereits die Feinwurzeln in den großen, trockenen Zwischenräumen zwischen den Bodenkörnern.

Idealerweise wählen wir also Pflanzenarten, die genau zum vorhandenen Boden und den Niederschlägen passen, diese brauchen dann keine Sonderbehandlung. Und keine Angst, die Natur hat für jeden Topf einen Deckel.

Im Folgenden möchte ich Ihnen Anregungen geben, wie Sie Ihren Garten mit heimischen Bäumen, Sträuchern und Stauden standortgerecht entsprechend Ihrer Regensituation und Ihrem Gartenboden bepflanzen können. Doch zunächst noch einige Tipps für das richtige Gießen unserer Pflanzen.

Gießen mit Köpfchen

Gießen verbraucht nicht nur Wasser, sondern auch Zeit. Zeit, in der wir statt Gießkannen zu schleppen oder den Schlauch zu halten, auch in der Hängematte liegend Eiskaffee schlürfen können. In Bereichen, wo wir Gießen nicht vermeiden können oder wollen, wie im Gemüsegarten, wenden wir ein paar Tricks an. Hier ein paar entspannungsfördernde Vorschläge:

- Alle wasserhungrigen Pflanzen in Gruppen zusammensetzen, das verringert die Wegstrecke.
- Die Pflanzzwischenräume mulchen, so verdunstet weniger Feuchtigkeit, siehe auch Seite 139.
- Ein System mit Tröpfchenschläuchen konstruieren, an die der Zuleitungsschlauch von unserer Zisterne, Regentonne oder vom Teich gekoppelt wird. Wir drehen den Wasserhahn auf und das Wasser versickert ganz von selbst aus den Tropflöchern.
- Gießmulden und Rinnen rund um die wasserhungrigen Pflanzen graben. Wasser kann sich darin sammeln und langsam versickern.
- Seltener gießen, aber durchdringend. So werden die Pflanzen dazu »erzogen«, ihre Wurzeln in Richtung Tiefe zu entwickeln.
- Am besten morgens früh gießen, die Pflanzen können das gespeicherte Wasser dann den ganzen sonnigen Tag lang nutzen. Das ist auch der bei Schnecken unbeliebteste Gießtermin, denn abendliches Gießen erleichtert ihnen das Schleimen. Dass wir nicht in der größten Mittagshitze gießen, versteht sich von selbst.
- Die Erde in Bodennähe gießen, nicht Blüten und Blätter. So verhindern wir zusätzliches Verdunsten und Sonnenbrand. Stellen wir uns die einzelnen Wassertropfen auf einem Blatt und die darauf treffenden Sonnenstrahlen vor: Sie wirken wie ein Brennglas. Sollte die Sonne nach unserer Duschorgie nicht scheinen, bekommt das Blatt zwar keinen Sonnenbrand, dafür aber vielleicht Mehltau: Feuchte Blätter sind anfälliger für Pilzerkrankungen als trockene Blätter.

Kinder haben eine natürliche Affinität zu allem Natürlichen und auch zu Wasser

Bäume

Bäume sind für unser Regenwassermanagement im Garten besonders wichtig. Dafür lassen sich viele gute Gründe finden:

- Wälder und Baumgruppen im Garten wirken lokal durchaus abkühlend, für globale CO_2-Bindung braucht es aber die tropischen Regenwälder.
- Bäume bieten Schatten, das ist wegen der zunehmenden Hitzephasen von Bedeutung, nicht nur als Sonnenschutz für uns Menschen, sondern auch zur Schaffung eines kühleren, feuchteren Kleinklimas. Die unzähligen Blätter eines Baumes haben eine große Gesamtoberfläche, die über die Spaltöffnungen der Blätter Wasser verdunstet. Für den Übergang vom flüssigen in den gasförmigen Zustand des Wassers ist Energie nötig, die der umgebenden Luft in Form von Wärme entnommen wird. Es entsteht die sogenannte Verdunstungskälte. Sie ist eine der Ursachen – neben dem Schutz vor Sonnenstrahlung –, warum wir uns unter Bäumen oder neben Hecken immer kühler fühlen.

- »Der Hausbaum ist ein Laubbaum«, so lautet eine alte Weisheit. Berechtigterweise, spendet der Laubbaum doch genau dann Schatten, wenn wir ihn brauchen, nämlich im Sommer. Im Winter lässt er die wärmenden Sonnenstrahlen dagegen bis zum Boden oder bis in unser Wohnzimmer durch.
- Bäume holen Wasser mit ihrem weit verzweigten Wurzelsystem auch aus tieferen Schichten aus dem Boden. Sie sind also nicht so sehr auf kurzfristige Wassergaben angewiesen.
- Mit ebendiesen weit verzweigten Wurzelsystemen stabilisieren Bäume den Boden und sichern ihn gegen Erosion durch Starkregen oder Wind. Auch die Häufigkeit von Stürmen wird im Zuge des Klimawandels wahrscheinlich zunehmen. Das bedeutet auch, dass wir uns genau überlegen müssen, wo wir im Garten Bäume pflanzen und welche Baumarten wir wählen. Die Pappel beispielsweise ist sehr bruchgefährdet, diese würden wir also, abgesehen davon, dass sie als Großbaum für die meisten Gärten ohnehin nicht geeignet ist, nicht in Hausnähe setzen.

  Die Zunahme von Stürmen bedeutet auch, dass wir vorhandene Bäume, besonders ältere, häufiger auf mögliche Bruchstellen wie abgestorbene Äste oder Zwiesel, also Gabelungen, hin überprüfen. In engen Siedlungslagen empfiehlt es sich, Großbäume immer wieder mal von Experten überprüfen zu lassen. In vielen Gärten, so auch in meinem, gibt es Fichten, die nach dem Zweiten Weltkrieg gepflanzt wurden, also nicht mehr jung sind, aber noch zu jung für die Kettensäge. Und viel zu wertvoll als Schattenspender, Sauerstofflieferant und Nistplatz und Ansitz für Vögel. Fichten sind aber auch Flachwurzler, das heißt, sie leiden besonders unter Trockenphasen und Stürmen. Ich gebe zu, ich gieße meine alte Fichte und werde dafür mit grünen Trieben und spannenden Vogelabenteuern wie »Sperber erjagt Star« belohnt.
- Stärkere Winde und Stürme bewirken zusätzlich Erosion, sie bringen also Sand, Erde und Staub mit sich. Das Laubsystem von Bäumen und Hecken bremst nicht nur den Wind, sondern filtert auch diese Feinteile – unsere Atemluft wird sauberer.

Bei der Wahl der richtigen Baumarten für unseren Garten achten wir besonders auch auf die maximale Wuchshöhe. Bäume werden in der Regel nicht geschnitten, das wäre wegen ihrer Höhe auch eine anstrengende Sache, wir sollten die Baumgröße also in einem passenden Verhältnis zur Gartengröße wählen.

Bäume sind verholzende Pflanzen mit einem deutlich ausgeprägten Hauptstamm. Sie können in Freiräumen in aufgeasteter Form (vom Gärtner bis zur Wunschhöhe von den Nebenästen befreit) als Hochstamm stehen. Bei einem Hochstamm beginnt die Baumkrone in etwa 2 Meter Höhe, er kann als Straßenbaum aber auch bis auf 4 Meter aufgeastet werden. Oder man setzt den Baum in natürlich gewachsener

Form als sogenannten »Heister« ein, das heißt, man lässt ihm die je nach Baumart vielen oder wenigen Seitenäste. Die Grenze zu den definitionsgemäß mehrstämmigen Sträuchern ist fließend, da viele Gehölze je nach Standort und Pflege sowohl einstämmige als auch mehrstämmige Formen bilden können (siehe auch Seite 154).

Beim Kauf von Bäumen, Sträuchern und Stauden achten wir auf eine möglichst regionale Herkunft aus örtlichen, wenn möglich biologisch wirtschaftenden Baumschulen.

In der Folge nun drei Listen mit einer Auswahl von für den Hausgarten geeigneten, das heißt maximal mittelgroßen, heimischen Baumarten für drei verschiedene Standorte: erstens für trockene Lagen (etwa 400 Millimeter Niederschlag im Jahr) und wasserdurchlässige Böden, zweitens für mittelfeuchte Lagen (etwa 800 Millimeter Niederschlag pro Jahr) und lehmige Böden und drittens für feuchte Lagen.

Die Listen enthalten nicht alle heimischen Arten, aber eine solide, in Baumschulen leicht erhältliche Auswahl. Einige heimische Großbäume wie Esche, Pappel oder Bergahorn habe ich wegen ihrer Größe gar nicht erst in die Listen aufgenommen.

Ebenfalls nicht aufgezählt sind Obstbäume, die neben den oben genannten Vorteilen die Produktion von Früchten bieten. Hochstamm-Obstbäume (Kronenverzweigung ab 1,8 Meter Höhe) bieten mehr Schatten als die im Kleingarten oft so beliebten Halbstämme, und die Fläche darunter kann genutzt werden. Halbstamm-Obstbäume (Kronenverzweigung ab 1,2 Meter Höhe) und Buschbäume entsprechen in ihrer Raumwirkung eher der eines Strauchs, haben aber den Vorteil, dass das Obst leichter geerntet werden kann.

Manche Arten stehen sowohl in den Baumlisten als auch in den Strauchlisten ab Seite 155. Diese Arten können Sie entweder einstämmig oder mehrstämmig kaufen, beziehungsweise sie vertragen es gut, wenn wir sie in Baumform oder Strauchform zurechtschneiden. Manche Arten kommen auf mehreren Standorten vor. Sie zeichnen sich durch besondere Anpassungsfähigkeit aus.

Wie die anderen Pflanzenlisten enthalten auch die folgenden Listen Hinweise auf die Lichtzahl L und die Feuchtezahl F. Zur Bedeutung dieser Kenngrößen lesen Sie bitte die Erklärungen ab Seite 72.

Heimische Bäume für trockene Lagen und wasserdurchlässige Böden

Wissenschaftlicher Name *Deutscher Name*	*Wuchshöhe* *Blütenfarbe*	*J*	*F*	*M*	*A*	*M*	*J*	*J*	*A*	*S*	*O*	*N*	*D*	*Lichtzahl** *Feuchtezahl*
Betula pendula **Hänge-Birke**	10 – 20 m gelb				✿	✿								L 7 F x
Malus sylvestris **Holz-Apfel**	5 – 10 m weiß				✿	✿								L 7 F 5
Pyrus pyraster **Holz-Birne**	8 – 20 m weiß				✿	✿								L 5 F x
Acer campestre **Feld-Ahorn**	2 – 15 m grün					✿								L 5 F 5
Sorbus aria **Echte Mehlbeere**	8 – 15 m weiß					✿								L 6 F x
Sorbus aucuparia **Vogelbeere**	3 – 15 m weiß					✿								L 6 F x
Sorbus domestica **Speierling**	8 – 20 m weiß					✿								L 4 F 3
Sorbus torminalis **Elsbeere**	5 – 25 m weiß					✿								L 4 F 4
Pinus sylvestris **Wald-Kiefer**	15 – 30 m gelb					✿	✿							L 7 F x
Castanea sativa **Edel-Kastanie**	15 – 35 m grün						✿	✿						L 5 F x

Heimische Bäume für feuchte Lagen

Wissenschaftlicher Name *Deutscher Name*	*Wuchshöhe* *Blütenfarbe*	*J*	*F*	*M*	*A*	*M*	*J*	*J*	*A*	*S*	*O*	*N*	*D*	*Lichtzahl** *Feuchtezahl*
Salix caprea **Sal-Weide**	2 – 10 m gelb		✿	✿	✿									L 7 F 6
Ulmus minor **Feld-Ulme**	5 – 30 m grünlich			✿										L 5 F x
Alnus glutinosa **Schwarz-Erle**	5 – 25 m grün			✿	✿									L 5 F 9
Alnus incana **Grau-Erle**	5 – 15 m grün			✿	✿									L 6 F 7
Salix purpurea **Purpur-Weide**	2 – 8 m gelb bis rot			✿	✿									L 8 F x
Salix alba **Silber-Weide**	5 – 30 m grünlich gelb			✿	✿	✿								L 5 F 8
Salix fragilis **Bruch-Weide**	3 – 15 m gelb			✿	✿	✿								L 5 F 8
Prunus padus **Gewöhnliche Traubenkirsche**	3 – 10 m cremeweiß				✿	✿								L 5 F 8
Frangula alnus **Faulbaum**	1 – 4 m weiß					✿	✿							L 6 F 7
Sambucus nigra **Schwarzer Holunder**	2 – 7 m cremeweiß					✿	✿							L 7 F 5

*Hinweise zur ***Lichtzahl L*** (von 1: Tiefschattenpflanze bis 9: Volllichtpflanze) und zur ***Feuchtezahl F*** (von 1: Starktrockniszeiger bis 12: Unterwasserpflanze) finden Sie ab Seite 72

Großes Bild: Birke in Herbstfärbung, rechts oben Lederapfel, rechts unten Apfelblüte

Heimische Bäume für mittelfeuchte Lagen und lehmige Böden

Wissenschaftlicher Name *Deutscher Name*	*Wuchshöhe* *Blütenfarbe*	*J*	*F*	*M*	*A*	*M*	*J*	*J*	*A*	*S*	*O*	*N*	*D*	*Lichtzahl** *Feuchtezahl*
Cornus mas **Kornelkirsche / Gelber Hartriegel**	2 – 10 m gelb		✿	✿	✿									L 6 F 8
Salix caprea **Sal-Weide**	2 – 10 m gelb		✿	✿	✿									L 7 F 5
Ulmus minor **Feld-Ulme**	5 – 30 m grünlich			✿										L 5 F x
Betula pendula **Hänge-Birke**	10 – 20 m gelb				✿	✿								L 7 F x
Carpinus betulus **Hainbuche**	6 – 25 m grün				✿	✿								L 4 F x
Malus sylvestris **Holz-Apfel**	5 – 10 m weiß				✿	✿								L 7 F 5
Prunus avium **Vogelkirsche**	5 – 25 m weiß				✿	✿								L 8 F 3
Prunus padus **Gewöhnliche Traubenkirsche**	3 – 10 m cremeweiß				✿	✿								L 5 F 8
Taxus baccata **Eibe** *Pflanze immergrün / giftig bis auf den roten Samenmantel!*	5 – 15 m braun				✿	✿								L 4 F 5
Acer campestre **Feld-Ahorn**	2 – 15 m grün					✿								L 5 F 5
Sambucus nigra **Schwarzer Holunder**	2 – 7 m cremeweiß					✿	✿							L 7 F 5

Sträucher

Sträucher sind nach gängiger Definition verholzende Pflanzen, die von Natur aus mehrere Hauptstämme ausbilden. Sie werden nicht so groß wie die meisten Bäume und lassen sich gerne in Form von Hecken setzen. Auch für sie gelten viele der für Bäume aufgezählten positiven Eigenschaften. Hecken sind nicht nur wichtige Lebensräume für zahlreiche Tierarten, sondern spielen auch beim Windschutz wesentliche Rollen. Und sie garantieren uns Privatsphäre, also Sichtschutz, auf angenehmere Weise als ein Bretterzaun.

Sträucher für feuchte Lagen eignen sich unter anderem für die Pflanzung in Sickermulden (siehe ab Seite 117). Eine solche »Sickerhecke« ist eine gute Lösung für Situationen, wo auf kleinem Raum Versickerung und Sichtschutz kombiniert werden sollen. Bei öffentlichen Bauvorhaben wie einer Parkplatzentwässerung sind diese Gehölze allerdings oft nicht gestattet, diesbezüglich müssen die örtlichen Vorschriften beachtet werden. Als Begründung für das Pflanzverbot dient das stärkere Wurzelwerk von Gehölzen, das eine unregelmäßige Versickerung bedingt.

Weil Sichtschutzhecken – nomen est omen – meist vor Einsichtnahme durch Nachbarn schützen sollen, liegen sie meist an der Grenze zum Nachbargrundstück. Damit dieser Nachbar im Fall einer Sickerhecke nicht in den Genuss unseres Überschusswassers kommt, muss der Boden der Sickermulde ein Gefälle zu einem ausreichend dimensionierten Sickerschacht oder zum Kanal hin aufweisen. Bei Bedarf kann vor dem Einlauf des Dachwassers in die Sickermulde auch eine Zisterne vorgeschaltet werden. Für die Sickerhecke wählen wir Sträucher, die auch in der Natur auf feuchten oder wechselfeuchten Böden stehen, wie Weiden, Traubenkirsche, Holunder. Dies sind eher schnellwüchsige, unempfindliche Arten. Wir können sie entweder ein- bis zweimal im Jahr in Form schneiden oder alle paar Jahre radikal »auf Stock setzen«, das bedeutet, sie in etwa Kniehöhe zu kappen.

Im Folgenden nun drei Listen mit heimischen Heckensträuchern für drei unterschiedliche Standorte im Garten: erstens für trockene Lagen (etwa 400 Millimeter Niederschlag pro Jahr) und wasserdurchlässige Böden, zweitens für mittlere Niederschläge (etwa 800 Millimeter Niederschlag pro Jahr) und mittlere bis lehmige Böden und drittens für feuchte Lagen. Manche Arten kommen auf mehreren Standorten vor, das bedeutet, dass sie anpassungsfähiger sind.

Wie die anderen Pflanzenlisten in diesem Buch enthalten auch die folgenden Listen Hinweise auf die Lichtzahl L und die Feuchtezahl F. Zur Bedeutung dieser beiden ökologischen Kenngrößen lesen Sie bitte die Erklärungen ab Seite 72.

Heimische Sträucher für trockene Lagen und wasserdurchlässige Böden

Wissenschaftlicher Name *Deutscher Name*	*Wuchshöhe* *Blütenfarbe*	J	F	M	A	M	J	J	A	S	O	N	D	*Lichtzahl** *Feuchtezahl*
Prunus spinosa **Schlehe**	1 – 4 m weiß				✿									L 5 F x
Hippocrepis emerus **Strauchkronwicke**	1 – 2 m gelb				✿	✿								L 7 F 3
Hippophae rhamnoides **Sanddorn**	1 – 5 m gelb				✿	✿								L 9 F 4
Juniperus communis **Echt-Wacholder** *Pflanze immergrün*	1 – 3 m grün				✿	✿								L 8 F 4
Acer campestre **Feld-Ahorn**	2 – 15 m grün					✿								L 5 F 5
Rhamnus cathartica **Purgier-Kreuzdorn**	1 – 3 m grün					✿								L 7 F 4
Crataegus monogyna **Eingriffliger Weißdorn**	2 – 6 m weiß					✿	✿							L 7 F 4
Rosa pimpinellifolia **Bibernell-Rose**	0,5 – 2 m weiß					✿	✿							L 8 F 4
Rosa canina **Hunds-Rose**	1 – 3 m blassrosa						✿							(L 8) (F 4)
Rosa gallica **Essig-Rose**	1 m rot bis purpur						✿	✿						(L 8) (F 4)
Rosa glauca **Hecht-Rose**	1 – 3 m dunkelrosa-weiß						✿	✿						(L 8) (F 4)
Rosa micrantha **Kleinblütige Rose**	1 – 3,5 m rosa						✿	✿						L 8 F 4
Rosa rubiginosa **Wein-Rose**	1 – 3 m rosa						✿	✿						L 7 F 3

Heimische Sträucher für mittelfeuchte Lagen und lehmige Böden

Wissenschaftlicher Name *Deutscher Name*	*Wuchshöhe* *Blütenfarbe*	J	F	M	A	M	J	J	A	S	O	N	D	*Lichtzahl** *Feuchtezahl*
Cornus mas **Kornelkirsche /** **Gelber Hartriegel**	2 – 10 m gelb		✿	✿	✿									L 6 F 8
Corylus avellana **Gewöhnliche Hasel**	3 – 6 m gelbe Kätzchen		✿	✿	✿									L 6 F x
Salix caprea **Sal Weide**	2 – 10 m gelb		✿	✿	✿									L 7 F 6
Berberis vulgaris **Gewöhnliche Berberitze**	1 – 3 m gelb				✿	✿								L x F 4
Carpinus betulus **Hainbuche**	6 – 25 m grün				✿	✿								L 4 F x

*Hinweise zur ***Lichtzahl L*** (von 1: Tiefschattenpflanze bis 9: Volllichtpflanze) und zur ***Feuchtezahl F*** (von 1: Starktrockniszeiger bis 12: Unterwasserpflanze) finden Sie ab Seite 72

Fortsetzung der Tabelle auf der folgenden Seite →

Wissenschaftlicher Name *Deutscher Name*	*Wuchshöhe* *Blütenfarbe*	*J*	*F*	*M*	*A*	*M*	*J*	*J*	*A*	*S*	*O*	*N*	*D*	*Lichtzahl** *Feuchtezahl*
Lonicera nigra **Schwarze Heckenkirsche**	1 – 1,5 m gelblich				✿	✿								L 3 F 5
Lonicera xylosteum **Rote Heckenkirsche** *giftig!*	1 – 3 m gelblich				✿	✿								L 5 F 5
Taxus baccata **Eibe** *Pflanze immergrün / giftig bis auf den roten Samenmantel!*	5 – 15 m braun				✿	✿								L 4 F 5
Acer campestre **Feld-Ahorn**	2 – 15 m grün					✿								L 5 F 5
Ilex aquifolium **Stechpalme** *Pflanze immergrün*	1 – 6 m weiß					✿								L 4 F 5
Cornus sanguinea **Roter Hartriegel**	2 – 5 m weiß					✿	✿							L 7 F x
Frangula alnus **Faulbaum**	1 – 4 m weiß					✿	✿							L 6 F 7
Picea abies **Gewöhnlich-Fichte** *Pflanze immergrün / als Hecke regelmäßig schneiden / nicht in Tieflagen*	20 – 40 m gelb					✿	✿							L 5 F x
Rosa pimpinellifolia **Bibernell-Rose**	0,5 – 2 m weiß					✿	✿							L 8 F 4
Sambucus nigra **Schwarzer Holunder**	2 – 7 m cremeweiß					✿	✿							L 7 F 5
Staphylea pinnata **Gemeine Pimpernuss**	1 – 4 m weiß					✿	✿							L 7 F 5
Viburnum lantana **Wolliger Schneeball**	1 – 3 m weiß					✿	✿							L 7 F 4
Viburnum opulus **Gewöhnlicher Schneeball**	2 – 4 m weiß					✿	✿	✿	✿					L 6 F x
Rosa canina **Hunds-Rose**	1 – 3 m blassrosa						✿							L 8 F 4
Euonymus europaeus **Gewöhnliches Pfaffenhütchen** *giftig!*	1,5 – 3 m weiß						✿	✿						L 6 F 5
Ligustrum vulgare **Gewöhnlicher Liguster**	1 – 3 m weiß						✿	✿						L 7 F x
Rosa rubiginosa **Wein-Rose**	1 – 3 m rosa						✿	✿						L 7 F 3

*Hinweise zur ***Lichtzahl L*** (von 1: Tiefschattenpflanze bis 9: Volllichtpflanze) und zur ***Feuchtezahl F*** (von 1: Starktrockniszeiger bis 12: Unterwasserpflanze) finden Sie ab Seite 72

Heimische Sträucher für feuchte Lagen

Wissenschaftlicher Name *Deutscher Name*	*Wuchshöhe* *Blütenfarbe*	*J*	*F*	*M*	*A*	*M*	*J*	*J*	*A*	*S*	*O*	*N*	*D*	*Lichtzahl** *Feuchtezahl*
Salix caprea **Sal-Weide**	2 – 10 m gelb		✿	✿	✿									L 7 F 6
Salix triandra **Mandel-Weide**	1 – 4 m gelb			✿	✿	✿	✿							L 8 F 8
Alnus incana **Grau-Erle**	5 – 15 m grün			✿	✿									L 6 F 7
Salix cinerea **Asch-Weide**	2 – 4 m gelb			✿	✿									L 7 F 9
Salix purpurea **Purpur-Weide**	2 – 8 m gelb bis rot			✿	✿									L 8 F x
Salix alba **Silber-Weide** *als Hecke regelmäßig schneiden*	5 – 30 m grünlich gelb			✿	✿	✿								L 5 F 8
Salix fragilis **Bruch-Weide**	3 – 15 m gelb			✿	✿	✿								L 5 F 8
Salix aurita **Ohr-Weide**	1 – 2 m gelb				✿	✿								L 7 F 8
Frangula alnus **Faulbaum**	1 – 4 m weiß					✿	✿							L 6 F 7
Sambucus nigra **Schwarzer Holunder**	2 – 7 m cremeweiß					✿	✿							L 7 F 5

Großes Bild: Gemischte Blütenhecke
Rechts oben: Eine gefüllt blühende Rose darf als Blickfang auch mal sein
Rechts unten: Auch eine ungefüllte Hechtrose bietet einen attraktiven Anblick

Stauden

Stauden sind mehrjährige, ausdauernde, krautige Pflanzen, deren oberirdische Pflanzenteile im Gegensatz zu Bäumen und Sträuchern nicht verholzen, sondern krautig weich sind und in der Regel nach jeder Vegetationsperiode absterben. Im Gegensatz zu den anderen krautigen Pflanzen, den Einjährigen und den Zweijährigen, überdauern Stauden mehrere Jahre und blühen in jedem Jahr neu.

Stauden überwintern je nach Art in Form von Rhizomen (im Volksmund Wurzelstöcke genannt, tatsächlich jedoch Teile des Sprosses), Knollen, Zwiebeln, Stolonen (Ausläufern, Teile des Sprosses) und ähnlichen Wurzelspeicherorganen. Diese Speicherorgane können sich sowohl unter der Erdoberfläche (Geophyten oder Kryptophyten, verborgene Überdauerungsknospen) als auch knapp darüber befinden (Hemikryptophyten). Aus den Überwinterungsknospen treiben die Stauden in den folgenden Vegetationsperioden immer wieder aus. Abweichend davon gibt es auch eine Reihe wintergrüner Arten, die nicht »einziehen« wie das teilweise verholzende Immergrün. Auch das Gänseblümchen behält in milden Wintern seine Rosettenblätter.

Die naturnahe Gartengestaltung mit Wildstauden unterscheidet sich etwas von der konventionellen Gartengestaltung. Natürlich können wir so ziemlich alles, was mit konventionellen Zuchtsorten möglich ist, mindestens ebenso gut mit Wildstauden erreichen: Farbbeete, Gestaltung nach Stilen wie dem englischen Cottagegarten, Anordnung der Stauden nach Wuchshöhen, in Tuffs oder Gruppen ... alles ist möglich. Allerdings entspricht naturnahen Pflanzungen das Prinzip der Mischpflanzung besser: Mischpflanzung beschreibt die eher zufällige Verteilung von gut zusammenpassenden Wildpflanzenarten auf einer Fläche, zum Beispiel in einer Sickermulde. Mischpflanzungen wirken natürlicher als eine konventionelle Gestaltung und Sie können sie relativ unkompliziert selbst gestalten und pflegen.

Heimische Wildstauden sind in vielen Gärtnereien bislang nur in eingeschränkten Sortimenten erhältlich, manchmal handelt es sich bei den angebotenen Pflanzen auch nur scheinbar um Wildarten und tatsächlich um Sorten dieser Art, oder die Herkunft der Art ist unbekannt. Viele Pflanzen sind eben beispielsweise nicht nur im oberösterreichischen Alpenvorland heimisch, sondern auch auf ähnlichen Standorten quer durch Europa. Auf den ersten Blick sehen sie gleich aus, unterscheiden sich aber genetisch. Aus Naturschutzgründen sollten wir möglichst immer Pflanzen aus regionaler Herkunft wählen. Am besten beziehen wir die Pflanzen von regionalen Naturgarten-Fachbetrieben, siehe auch Seite 172. Für den Bezug von Saatgut gilt natürlich das Gleiche. Nicht immer sind alle Arten verfügbar, insbesondere für größere Projekte empfiehlt es sich deshalb, lange genug vorauszuplanen. Selbermachen, sprich die Anzucht aus Samen im Folienhaus oder die Anlage durch Ansaat ins Freiland, sind interessante Alternativen.

In der Folge nun zwei Listen mit heimischen Wildstauden für zwei unterschiedliche Standorte im Garten: erstens für trockene Lagen (etwa 400 Millimeter Niederschlag pro Jahr) und wasserdurchlässige Böden, zweitens für »normale« Lagen mit mittleren Niederschlägen (etwa 800 Millimeter Niederschlag pro Jahr) und mittleren bis lehmigen Böden. Heimische Wildstauden für feuchte Lagen finden Sie in den Pflanzenlisten ab Seite 120. Manche Arten kommen auf mehreren Standorten vor, das bedeutet, dass sie anpassungsfähiger sind.

Wie die anderen Pflanzenlisten in diesem Buch enthalten auch die folgenden Listen Hinweise auf die Lichtzahl L und die Feuchtezahl F. Zur Bedeutung dieser beiden ökologischen Kenngrößen lesen Sie bitte die Erklärungen ab Seite 72.

Heimische Wildstauden für trockene Lagen und wasserdurchlässige Böden

Wissenschaftlicher Name *Deutscher Name*	*Wuchshöhe* *Blütenfarbe*	*J*	*F*	*M*	*A*	*M*	*J*	*J*	*A*	*S*	*O*	*N*	*D*	*Lichtzahl** *Feuchtezahl*
Einjährige und zweijährige Wildstauden (besser als Ansaat)														
Melilotus officinalis **Echter Steinklee**	30 – 100 cm gelb					✿	✿	✿	✿	✿				L 8 F 3
Daucus carota **Gewöhnliche Möhre**	50 – 120 cm cremeweiß					✿	✿	✿	✿	✿	✿			L 8 F 4
Agrostemma githago **Kornrade**	50 – 80 cm rosa						✿	✿						L 7 F x
Linum usitatissimum **Gemeiner Lein**	20 – 100 cm blau						✿	✿	✿					L 7 F x
Campanula rapunculoides **Acker-Glockenblume**	30 – 70 cm blau						✿	✿	✿	✿				L 6 F 4
Verbascum phlomoides **Gewöhnliche Königskerze**	50 – 120 cm gelb							✿	✿	✿	✿			L 8 F 4
Mehrjährige Wildstauden														
Saxifraga granulata **Knöllchen-Steinbrech**	5 – 15 cm weiß					✿	✿							L 7 F 2
Geranium sanguineum **Blutroter Storchschnabel**	10 – 50 cm karminrot					✿	✿	✿						L 7 F 3
Origanum vulgare **Echter Dost / Oregano**	20 – 70 cm rosa					✿	✿	✿						L 7 F 3
Tragopogon orientalis **Östlicher Wiesen-Bocksbart**	20 – 70 cm gelb					✿	✿	✿						L 7 F 4
Anthyllis vulneraria **Echt-Wundklee**	20 – 40 cm gelb					✿	✿	✿	✿					L 8 F 3
Echium vulgare **Gewöhnlich Natternkopf**	30 – 80 cm blau					✿	✿	✿	✿					L 9 F 3

*Hinweise zur ***Lichtzahl L*** (von 1: Tiefschattenpflanze bis 9: Volllichtpflanze) und zur ***Feuchtezahl F*** (von 1: Starktrockniszeiger bis 12: Unterwasserpflanze) finden Sie ab Seite 72

Fortsetzung der Tabelle auf der folgenden Seite ➔

Wissenschaftlicher Name ***Deutscher Name***	***Wuchshöhe*** ***Blütenfarbe***	*J*	*F*	*M*	*A*	*M*	*J*	*J*	*A*	*S*	*O*	*N*	*D*	***Lichtzahl**** ***Feuchtezahl***
Coronilla varia **Bunte Kronwicke**	30 – 120 cm weiß-rosa-purpur					✿	✿	✿	✿	✿				L 7 F 4
Dianthus carthusianorum **Kartäuser-Nelke**	10 – 50 cm purpurrot					✿	✿	✿	✿	✿				L 8 F 3
Lotus corniculatus **Gewöhnlicher Hornklee**	5 – 30 cm gelb					✿	✿	✿	✿	✿				L 7 F 4
Hieracium pilosella **Kleines Habichtskraut**	10 – 30 cm gelb					✿	✿	✿	✿	✿	✿			L 7 F 4
Potentilla recta **Aufrechtes Fingerkraut**	20 – 70 cm gelb						✿	✿						L 7 F 3
Anthericum ramosum **Ästige Graslilie**	30 – 50 cm weiß						✿	✿	✿					L 7 F 4
Campanula persicifolia **Pfirsichblättrige Glockenblume**	30 – 80 cm (lila)blau						✿	✿	✿					L 5 F 4
Cytisus nigricans **Schwarzwerdener Geißklee**	50 – 120 cm gelb						✿	✿	✿					L 8 F 4
Dorycnium germanicum **Seiden-Backenklee**	15 – 50 cm rosaweiß						✿	✿	✿					L 7 F 2
Hypericum perforatum **Echtes Johanniskraut**	30 – 60 cm gelb						✿	✿	✿					L 7 F 4
Linaria vulgaris **Echtes Leinkraut**	20 – 70 cm gelb						✿	✿	✿					L 8 F 3
Sedum album **Weißer Mauerpfeffer**	5 – 12 cm weiß						✿	✿	✿					L 9 F 2
Sedum sexangulare **Milder Mauerpfeffer**	5 – 12 cm gelb						✿	✿	✿					L 7 F 2
Trifolium aureum **Gold-Klee**	15 – 40 cm gelb						✿	✿	✿					L 7 F 3
Buphthalmum salicifolium **Ochsenauge**	15 – 70 cm gelb						✿	✿	✿	✿				L 8 F x
Galium verum **Echtes Labkraut**	10 – 70 cm goldgelb						✿	✿	✿	✿				L 7 F 4
Petrorhagia saxifraga **Steinbrech-Felsennelke / Felsennelke**	10 – 30 cm rosa						✿	✿	✿	✿				L 8 F 2
Prunella vulgaris **Kleine Braunelle**	5 – 20 cm violett						✿	✿	✿	✿				L 7 F x
Silene vulgaris **Gewöhnliches Leimkraut**	10 – 50 cm weiß						✿	✿	✿	✿				L 8 F 4
Achillea millefolium **Gewöhnliche Schafgarbe**	15 – 60 cm weiß, rosa						✿	✿	✿	✿	✿			L 8 F 4
Campanula rotundifolia **Rundblatt-Glockenblume**	10 – 40 cm blau						✿	✿	✿	✿	✿			L 7 F 4

*Hinweise zur ***Lichtzahl L*** (von 1: Tiefschattenpflanze bis 9: Volllichtpflanze) und zur ***Feuchtezahl F*** (von 1: Starktrockniszeiger bis 12: Unterwasserpflanze) finden Sie ab Seite 72

Die Pfirsichblättrige Glockenblume blüht auf sonnigen und halbschattigen Standorten, die Moschusmalve, hier ein natürlicher Weißling, bevorzugt vollsonnige Lagen

Wissenschaftlicher Name *Deutscher Name*	*Wuchshöhe* *Blütenfarbe*	J	F	M	A	M	J	J	A	S	O	N	D	*Lichtzahl** *Feuchtezahl*
Centaurea jacea **Wiesen-Flockenblume**	20 – 80 cm violett						✿	✿	✿	✿	✿			L 7 F x
Cichorium intybus **Gewöhnliche Wegwarte**	40 – 80 cm hellblau						✿	✿	✿	✿	✿			L 9 F 4
Inula salicina **Weidenblatt-Alant**	20 – 60 cm gelb						✿	✿	✿	✿	✿			L 7 F x
Pimpinella saxifraga **Kleine Bibernelle**	15 – 50 cm weiß						✿	✿	✿	✿	✿			L 7 F 3
Malva moschata **Moschus-Malve**	30 – 80 cm rosa							✿	✿					L 7 F 4
Sedum rupestre **Felsen-Fetthenne**	5 – 15 cm gelb							✿	✿					L 7 F 2
Teucrium chamaedrys **Echter Gamander**	20 – 30 cm rosa							✿	✿					L 7 F 2
Allium lusitanicum **Berg-Lauch**	10 – 30 cm violett							✿	✿	✿				L 9 F 2
Knautia arvensis **Wiesen-Witwenblume**	20 – 80 cm purpurrosa							✿	✿	✿				L 7 F 4
Verbascum densiflorum **Großblütige Königskerze**	50 – 180 cm gelb							✿	✿	✿				L 8 F 4
Aster amellus **Berg-Aster**	20 – 50 cm blauviolett								✿	✿	✿			L 8 F 4
Gräser														
Anthoxanthum odoratum **Gewöhnliches Ruchgras**	15 – 45 cm grün					✿	✿							L x F x
Briza media **Mittleres Zittergras**	20 – 50 cm violett-grün					✿ ✿	✿ ✿							L 8 F x
Bromus erectus **Aufrechte Trespe**	40 – 90 cm grün					✿	✿	✿						L 8 F 3

Heimische Wildstauden für mittelfeuchte Lagen und mittlere bis lehmige Böden

Wissenschaftlicher Name *Deutscher Name*	*Wuchshöhe* *Blütenfarbe*	*J*	*F*	*M*	*A*	*M*	*J*	*J*	*A*	*S*	*O*	*N*	*D*	*Lichtzahl** *Feuchtezahl*
Einjährige und zweijährige Wildstauden (besser als Ansaat)														
Crepis biennis **Wiesen-Pippau**	50 – 120 cm gelb					✿	✿	✿	✿					L 6 F 5
Daucus carota **Gewöhnliche Möhre**	50 – 120 cm cremeweiß					✿	✿	✿	✿	✿	✿			L 8 F 4
Campanula rapunculoides **Acker-Glockenblume**	30 – 70 cm blau						✿	✿	✿	✿				L 6 F 4
Verbascum phlomoides **Gewöhnliche Königskerze**	50 – 120 cm gelb							✿	✿	✿	✿			L 8 F 4
Mehrjährige Stauden														
Primula elatior **Hohe Schlüsselblume**	20 – 30 cm gelb			✿	✿									L 6 F 6
Viola odorata **Duftveilchen**	5 – 10 cm violett			✿	✿									L 5 F 5
Anemone nemorosa **Busch-Windröschen**	10 – 15 cm weiß			✿	✿	✿								L x F x
Hepatica nobilis **Leberblümchen**	5 – 15 cm lila			✿	✿	✿								L 4 F 4
Pulmonaria officinalis **Echtes Lungenkraut**	10 – 30 cm rot-blau				✿ ✿	✿ ✿								L 5 F 5
Lamium maculatum **Gefleckte Taubnessel**	15 – 50 cm purpur				✿	✿	✿	✿	✿	✿	✿	✿		L 4 F 6
Ornithogalum umbellatum **Dolden-Milchstern**	10 – 20 cm weiß					✿	✿							L 5 F 5
Anthriscus sylvestris **Wiesen-Kerbel**	60 – 160 cm weiß					✿	✿	✿						L 7 F 5
Aruncus dioicus **Wald-Geißbart**	80 – 150 cm cremeweiß					✿	✿	✿						L 4 F 6
Campanula patula **Wiesen-Glockenblume**	30 – 60 cm lilablau					✿	✿	✿						L 8 F 5
Geranium sanguineum **Blutroter Storchschnabel**	10 – 50 cm karminrot					✿	✿	✿						L 7 F 3
Origanum vulgare **Echter Dost / Oregano**	20 – 70 cm rosa					✿	✿	✿						L 7 F 3
Tragopogon orientalis **Östlicher Wiesen-Bocksbart**	20 – 70 cm gelb					✿	✿	✿						L 7 F 4
Ajuga reptans **Kriechender Günsel**	15 – 30 cm blauviolett					✿	✿	✿	✿					L 6 F 6
Anthyllis vulneraria **Echt-Wundklee**	20 – 40 cm gelb					✿	✿	✿	✿					L 8 F 3
Echium vulgare **Gewöhnlich-Natternkopf**	30 – 80 cm blau					✿	✿	✿	✿					L 9 F 3

*Hinweise zur ***Lichtzahl L*** (von 1: Tiefschattenpflanze bis 9: Volllichtpflanze) und zur ***Feuchtezahl F*** (von 1: Starktrockniszeiger bis 12: Unterwasserpflanze) finden Sie ab Seite 72

Wissenschaftlicher Name *Deutscher Name*	*Wuchshöhe* *Blütenfarbe*	J	F	M	A	M	J	J	A	S	O	N	D	*Lichtzahl** *Feuchtezahl*
Verbascum nigrum **Schwarze Königskerze**	50 – 150 cm gelb					✿	✿	✿	✿					L 7 F 5
Coronilla varia **Bunte Kronwicke**	30 – 120 cm weiß-rosa-purpur					✿	✿	✿	✿	✿				L 7 F 4
Leucanthemum vulgare **Wiesen-Margerite**	20 – 70 cm weiß					✿	✿	✿	✿	✿				L 7 F 4
Lotus corniculatus **Gewöhnlicher Hornklee**	5 – 30 cm gelb					✿	✿	✿	✿	✿				L 7 F 4
Sanguisorba officinalis **Groß-Wiesenknopf**	50 – 100 cm trüb purpurrot					✿	✿	✿	✿	✿				L 7 F 7
Allium carinatum **Kiel-Lauch**	30 – 60 cm lilapurpur						✿	✿						(L 7) (F 6)
Lathyrus pratensis **Wiesen-Platterbse**	30 – 60 cm gelb						✿	✿						L 7 F 6
Vicia cracca **Vogel-Wicke**	30 – 130 cm blauviolett						✿	✿						L 7 F 5
Anthericum ramosum **Ästige Graslilie**	30 – 50 cm weiß						✿	✿	✿					L 7 F 4
Campanula persicifolia **Pfirsichblättrige Glockenblume**	30 – 80 cm (lila-)blau						✿	✿	✿					L 5 F 4
Campanula trachelium **Nesselblättrige Glockenblume**	40 – 80 cm hellblau						✿	✿	✿					L 4 F 5
Cytisus nigricans **Schwarzwerdender Geißklee**	50 – 120 cm gelb						✿	✿	✿					L 8 F 4
Galium sylvaticum **Wald-Labkraut**	50 – 80 cm weiß						✿	✿	✿					L 5 F 4
Geranium pratense **Wiesen-Storchschnabel**	30 – 60 cm lilablau						✿	✿	✿					L 8 F 5
Hypericum perforatum **Echtes Johanniskraut**	30 – 60 cm gelb						✿	✿	✿					L 7 F 4
Linaria vulgaris **Echtes Leinkraut**	20 – 70 cm gelb						✿	✿	✿					L 8 F 3
Lysimachia nummularia **Pfennigkraut**	5 – 15 cm gelb						✿	✿	✿					L 4 F 6
Buphthalmum salicifolium **Ochsenauge**	15 – 70 cm gelb						✿	✿	✿	✿				L 8 F x
Galium verum **Echtes Labkraut**	10 – 70 cm goldgelb						✿	✿	✿	✿				L 7 F 4
Pimpinella major **Große Bibernelle**	30 – 60 cm weiß, purpurrosa						✿	✿	✿	✿				L 7 F 6
Prunella vulgaris **Kleine Braunelle**	5 – 20 cm violett						✿	✿	✿	✿				L 7 F x

Fortsetzung der Tabelle auf der folgenden Seite →

Wissenschaftlicher Name *Deutscher Name*	*Wuchshöhe* *Blütenfarbe*	*J*	*F*	*M*	*A*	*M*	*J*	*J*	*A*	*S*	*O*	*N*	*D*	*Lichtzahl** *Feuchtezahl*
Silene vulgaris **Gewöhnliches Leimkraut**	10 – 50 cm weiß						✿	✿	✿	✿				L 8 F 4
Silene dioica **Rote Lichtnelke**	30 – 90 cm rot						✿	✿	✿	✿				L x F 6
Stachys sylvatica **Wald-Ziest**	60 – 100 cm purpur mit weißer Strichzeichnung						✿	✿	✿	✿				L 4 F 7
Achillea millefolium **Gewöhnliche Schafgarbe**	15 – 60 cm weiß, rosa						✿✿	✿✿	✿✿	✿✿	✿✿			L 8 F 4
Campanula rotundifolia **Rundblatt-Glockenblume**	10 – 40 cm blau						✿	✿	✿	✿	✿			L 7 F 4
Centaurea jacea **Wiesen-Flockenblume**	20 – 80 cm violett						✿	✿	✿	✿	✿			L 7 F x
Cichorium intybus **Gewöhnliche Wegwarte**	40 – 80 cm hellblau						✿	✿	✿	✿	✿			L 9 F 4
Inula salicina **Weidenblatt-Alant**	20 – 60 cm gelb						✿	✿	✿	✿	✿			L 7 F x
Pimpinella saxifraga **Kleine Bibernelle**	15 – 50 cm weiß						✿	✿	✿	✿	✿			L 7 F 3
Salvia glutinosa **Klebriger Salbei**	40 – 120 cm hellgelb						✿	✿	✿	✿	✿			L 4 F 6
Salvia pratensis **Wiesen-Salbei**	30 – 60 cm blau						✿	✿	✿	✿	✿			L 8 F 4
Betonica officinalis **Echte Betonie**	30 – 100 cm rot							✿	✿					L 7 F 4
Eupatorium cannabinum **Gewöhnlicher Wasserdost**	50 – 150 cm rosa							✿	✿					L 7 F 7
Lathyrus sylvestris **Wilde Platterbse**	100 – 200 cm rosa-grünlich-purpur							✿✿✿	✿✿✿					L 7 F 4
Malva moschata **Moschus-Malve**	30 – 80 cm rosa							✿	✿					L 7 F 4
Teucrium chamaedrys **Echter Gamander**	20 – 30 cm rosa							✿	✿					L 7 F 2
Agrimonia eupatoria **Gewöhnlicher Odermennig**	30 – 100 cm gelb							✿	✿	✿				L 7 F 4
Althaea officinalis **Echter Eibisch**	60 – 130 cm helllila							✿	✿	✿				(L 7) (F 7)
Angelica sylvestris **Wald-Engelwurz**	50 – 150 cm cremeweiß							✿	✿	✿				L 7 F 8
Knautia arvensis **Wiesen-Witwenblume**	20 – 80 cm purpurrosa							✿	✿	✿				L 7 F 4
Saponaria officinalis **Echtes Seifenkraut**	30 – 80 cm blassrosa							✿	✿	✿				L 7 F 5
Verbascum densiflorum **Großblütige Königskerze**	50 – 180 cm gelb							✿	✿	✿				L 8 F 4

*Hinweise zur ***Lichtzahl L*** (von 1: Tiefschattenpflanze bis 9: Volllichtpflanze) und zur ***Feuchtezahl F*** (von 1: Starktrockniszeiger bis 12: Unterwasserpflanze) finden Sie ab Seite 72

Das Buschwindröschen profitiert als Frühjahrsblüher vom noch blattlosen Zustand der Laubwälder

Wissenschaftlicher Name *Deutscher Name*	*Wuchshöhe* *Blütenfarbe*	*J*	*F*	*M*	*A*	*M*	*J*	*J*	*A*	*S*	*O*	*N*	*D*	*Lichtzahl** *Feuchtezahl*
Gräser														
Carex digitata **Finger-Segge**	10 – 30 cm grünlich			✿	✿	✿								L 3 F 4
Luzula sylvatica **Wald-Hainsimse**	40 – 90 cm braun-weiß				✿	✿	✿							L 4 F 6
Anthoxanthum odoratum **Gewöhnliches Ruchgras**	15 – 45 cm grün					✿	✿							L x F x
Briza media **Mittleres Zittergras**	20 – 50 cm violett-grün					✿	✿							L 8 F x
Bromus erectus **Aufrechte Trespe**	40 – 90 cm grün					✿	✿	✿						L 8 F 3

Ausklang

Nicht das, was Sie erwartet haben, dieses Buch? Vielleicht etwas anders, vielleicht etwas mehr? So wie eine Reise nach Venedig, eigentlich, um den Dogenpalast zu besichtigen, und sich dann plötzlich in den kleinen, pittoresken Seitengassen zu verlieren. Was bleibt davon in Erinnerung? Beides. Denn beides ist schön und wichtig und nur zusammen ergeben sie das Gesamtkunstwerk »Venedig«.

Ebenso ist die reine Regenwasserverwertung im Garten zwar wichtig, aber nur vollständig, wenn sie in ein Gesamtkonzept aus Berücksichtigung von Niederschlägen und Standorteigenschaften, Bodenmodellierung, richtiger Pflanzenauswahl und Rücksicht auf die Nutzerinteressen eingebettet wird.

Eine Maßnahme alleine ist gut, eine Kombination von mehreren ist besser.

Die naturnahe Gestaltung eines Gartens ist wie ein Weg. Er geht nicht immer gerade, manchmal schlängelt er sich, hinter der Kurve findet sich Unerwartetes, manchmal ist der Untergrund steiniger, manchmal weich wie Moos. Bunte Blüten säumen ihn, manchmal lassen sie auch die Köpfe traurig hängen, wenn eines unserer Experimente nicht so ganz geglückt ist. Aber der Weg ist immer abwechslungsreich und spannend und belohnt uns mit neuen Erkenntnissen, gemeinsamen Erlebnissen und Lebendigkeit.

JEDER m² ZÄHLT.

Die Autorin

Paula Polak, Jahrgang 1961, aufgewachsen im Spannungsfeld zwischen der Wiener Morbidität und den wilden steirischen Bergen, verbrachte schon ihre Jugend am liebsten im Gestrüpp, unter anderem bei der Besetzung der Hainburger Au, die jetzt ein Nationalpark ist. Neben dem Studium der Landschaftsökologie und Landschaftsplanung engagierte sie sich für Umweltschutzprojekte und war 15 Jahre lang Teilhaberin der Firma »Naturgarten«, der ersten österreichischen Gartenbaufirma mit der gesamten Palette der naturnahen Gartengestaltung im Angebot. Als Schwerpunkt entpuppte sich bald das Thema »Wasser« in allen Facetten, vom Schwimmteich bis zur Regenwassernutzung.

Seit 2005 führt Paula Polak ihr eigenes Ingenieurbüro in Mauerbach bei Wien und ist neben den Planungsarbeiten begeistert als Autorin und Referentin tätig. Seit 2016 ist sie zusammen mit drei weiteren Frauen Besitzerin der Gärtnerei »WildeBlumen«. Dort werden über 150 Arten heimischer Wildstauden in Bio- und REWISA-Qualität prodziert und ebenso wie Saatgut im Onlineshop verkauft. Auch Beratung und Planung für Private und auch immer mehr Kommunen sind spannende Schwerpunkte.

Für Paula Polak gehören Bücher zu den essentiellen Dingen im Leben und sie hofft sehr, dass sie es geschafft hat, ihre Liebe zur Natur und zum Leben überhaupt mittels Buchseiten auch ihren Leserinnen und Lesern nahegebracht zu haben.

Kontakt zu Paula Polak: www.paulapolak.com und office@paulapolak.com

Anhang

Zum Weiterlesen

Naturnahe Freiraumgestaltung, Naturgarten

- Aufderheide, Ulrike: **Klimafest und artenreich – das Naturgartenprinzip,** pala-verlag
- Aufderheide, Ulrike: **Rasen und Wiesen im naturnahen Garten,** pala-verlag
- David, Werner: **Lebensraum Totholz**, pala-verlag
- Ellenberg, Heinz & Christoph Leuschner: **Vegetation Mitteleuropas mit den Alpen.** In ökologischer, dynamischer und historischer Sicht, UTB Verlag Eugen Ulmer
- Fischer, Manfred A., Oswald, Karl & Wolfgang Adler: **Exkursionsflora für Österreich, Liechtenstein, Südtirol,** Biologiezentrum der Oberösterreichischen Landesmuseen
- Hintermeier, Margrit und Helmut: **Blütenpflanzen und ihre Gäste,** Obst- und Gartenbauverlag
- Kumpfmüller, Markus & Edith Kals: **Wege zur Natur im Garten,** Land Oberösterreich
- Kumpfmüller, Markus & Paula Polak: **Heimische Pflanzen für unsere Gärten,** Land Oberösterreich
- Oberholzer, Alex & Lore Lässer: **Ein Garten für Tiere.** Erlebnisraum Naturgarten, Verlag Eugen Ulmer
- Polak, Paula: **Welche Pflanze passt wohin im Naturgarten?** BLV
- Richard, Peter: **Lebendige Naturgärten.** Planen, gestalten, pflegen, AT Verlag
- Witt, Reinhard: **Natur für jeden Garten,** NaturGarten Verlag
- Witt, Reinhard & Katrin Kaltofen: **Klimawandel: Fluch oder Chance?,** NaturGarten Verlag
- Witt, Reinhard & Manfred Pappler: **NaturErlebnisRäume.** Neue Wege für Schulhöfe, Kindergärten und Spielplätze, Verlag Kallmeyer

Wasser, Klima, Umweltschutz allgemein

- Bayerisches Landesamt für Umwelt: **Regenwasserversickerung – Gestaltung von Wegen und Plätzen.** Praxisratgeber für den Grundstückseigentümer
- Deutsche Meteorologische Gesellschaft: **Stellungnahmen der Deutschen Meteorologischen Gesellschaft zur Klimaproblematik**
- Deutsche Vereinigung für Wasserwirtschaft, Abwasser und Abfall e. V.: **Planung, Bau und Betrieb von Anlagen zur Versickerung von Niederschlagswasser**
- Die Umweltberatung Niederösterreich: **Regenwasser nutzen**
- Engelhardt, Wolfgang, Rehfeld, Klaus & Peter Martin: **Was lebt in Tümpel, Bach und Weiher?** Kosmos Verlag
- Eppel, Jürgen: **Muldenversickerung – Einfluss der Pflanzenarten auf die Versickerung,** Veitshöchheimer Berichte aus der Landespflege, Bayrische Landesanstalt für Weinbau und Gartenbau
- Greenpeace Schweiz: **Stoppen wir die Plünderung der Meere**
- Linne von Berg, Karl-Heinz & Michael Melkonian: **Der Kosmos-Algenführer,** Kosmos Verlag

Adressen

Naturgarten

NaturGarten e. V.
Reuterstraße 157
53112 Bonn / Deutschland
www.naturgarten.org

Verein REWISA-Netzwerk
Tulpengasse 8 a
4400 Steyr / Österreich
www.rewisa.at

Bioterra
Scheideggstrasse 73
8038 Zürich / Schweiz
www.bioterra.ch

Klima, Wetter

Deutscher Wetterdienst
www.dwd.de

GeoSphere Austria
www.zamg.ac.at

Bundesamt für Meteorologie und Klimatologie, Schweiz
www.meteoschweiz.admin.ch

Umweltschutz allgemein

Greenpeace Deutschland e. V.
Hongkongstraße 10
20457 Hamburg
www.greenpeace.de

Bund Naturschutz in Bayern e. V.
Dr.-Johann-Maier-Straße 4
93049 Regensburg
www.bund-naturschutz.de

Bund für Umwelt und Naturschutz Deutschland e. V.
Kaiserin-Augusta-Allee 5
10553 Berlin
www.bund.net

Naturschutzbund Österreich
Museumsplatz 2
5020 Salzburg
www.naturschutzbund.at

Pro Natura Schweiz
Dornacherstrasse 192
4053 Basel
www.pronatura.ch

Umweltbundesamt
Postfach 1406
06813 Dessau-Roßlau
www.umweltdatenbank.de

Eidgenössisches Departement für Umwelt, Verkehr, Energie und Kommunikation UVEK
Kochergasse 10
3003 Bern
www.uvek.admin.ch

Bezugsquellen-Auswahl

Deutschland

re-natur GmbH
Charles-Roß-Weg 24
24601 Ruhwinkel
www.re-natur.de

Bioland Hof Jeebel
Biogartenversand
Jeebel 17
29410 Salzwedel OT Jeebel
www.biogartenversand.de

Manufactum
Hiberniastraße 5
45731 Waltrop
www.manufactum.de

Wildpflanzengärtnerei Strickler
Weinheimer Landstraße 71
55232 Alzey
www.gaertnerei-strickler.de

Appels Wilde Samen
Brandschneide 2
64295 Darmstadt
www.appelswilde.de

Rieger-Hofmann
In den Wildblumen 7
74572 Blaufelden-Raboldshausen
www.rieger-hofmann.de

Hof Berg-Garten
Lindenweg 17
79737 Herrischried
www.hof-berggarten.de

Gärtnerei StaudenSpatz
Kreilhof 7
82386 Oberhausen
www.staudenspatz.de

Österreich

Voitsauer Wildblumensamen
Voitsau 8
3623 Kottes-Purk

Wilde Blumen
Puchheimer Straße 9
4844 Regau
www.wildeblumen.at

Naturgarten – Martin Mikulitsch Landschaftsbau KG
Ostermannweg 4
9560 Feldkirchen in Kärnten
www.naturgarten.at

Schweiz

Die Wildstaudengärtnerei
Neumühle 2
Waldibrücke
6274 Eschenbach
www.wildstauden.ch

UFA-Samen
In der Euelwies 34
8408 Winterthur
www.ufasamen.ch

Lebensräume schaffen, Biodiversität fördern!

Sie möchten sich für den Erhalt unserer Artenvielfalt einsetzen und jetzt gleich etwas tun? Wir als NaturGarten e.V. zeigen, welches Potenzial der besiedelte Raum für den Erhalt unserer Biodiversität bietet. Hier kann jeder Einzelne direkt vor Ort aktiv werden.

Machen Sie mit und werden Sie Mitglied!

www.naturgarten.org

NaturGarten e.V.

Weitere Bücher aus dem pala-verlag

Farina Graßmann:
Wunderwelt Moor
ISBN: 978-3-89566-431-1

Ulrike Aufderheide:
Klimafest und artenreich – das Naturgartenprinzip
ISBN: 978-3-89566-408-3

Katharina Heuberger:
Mein wilder Meter
ISBN: 978-3-89566-428-1

Sigrid Tinz:
Nahrungsnetze für Artenvielfalt
ISBN: 978-3-89566-417-5

Gesamtverzeichnis bei:
pala-verlag, Am Molkenbrunnen 4, 64287 Darmstadt, www.pala-verlag.de

ISBN: 978-3-89566-427-4
© 2023: pala-verlag,
Am Molkenbrunnen 4, 64287 Darmstadt
www.pala-verlag.de

Alle Rechte vorbehalten

Bildnachweis:
Seiten 19, 50: Konstantin Mikulitsch
Seite 97: Elke Holzinger
Seite 169: Helene Polak

alle anderen Fotos: Paula Polak

Umschlagfotos vorne: Paula Polak
Umschlagfotos hinten: Helene Polak *(links),* Paula Polak *(rechts)*

Gartenpläne Seiten 82, 84, 93, 101, 116, 132: Paula Polak
alle anderen Illustrationen: Lisa Apfelbacher • www.wissen-illustriert.de

Lektorat und Gestaltung: Angelika Eckstein

Druck und Bindung: Beltz Grafische Betriebe GmbH, Bad Langensalza
www.beltz-grafische-betriebe.de
Printed in Germany

Gedruckt auf
100% Recyclingpapier